Estrategias de Datos para Gobierno de Datos

CREANDO UNA CIMENTACIÓN PRAGMÁTICA, ÁGIL Y COMUNICABLE PARA EL EJERCICIO DE GESTIÓN DE DATOS

Marilú López

Technics Publications
SEDONA, ARIZONA

115 Linda Vista, Sedona, AZ 86336 USA

https://www.TechnicsPub.com

Edición original en inglés: Laura Sebastian-Coleman

Edición en español: María Guadalupe López Flores

Diseño de Portada: Juan Christian Inchaustegui Garibay

Traducción: Omar Gilberto Pérez López

Convención de traducción:
Los términos de mayor uso y reconocimiento en la industria los hemos conservado en idioma inglés, incluyendo su traducción al español dentro de paréntesis en su primera aparición en un capítulo. Algunos términos para los que no hemos encontrado una traducción pertinente, y en donde su uso cotidiano es en inglés, los hemos conservado en ese idioma, escribiéndolos en fuente cursiva.

Primera edición: 2023

ISBN, Edición Impresa   9781634624695

ISBN, Edición Kindle   9781634624701

ISBN, Edición PDF   9781634624732

A mi mamá, que sigue cuidándome desde el otro lado de las nubes. Ella puso en mi camino a dos ángeles que resultaron ser un equipo de ensueño: Danette McGilvray, mi sherpa en este viaje, y Laura Sebastian-Coleman, mi mejor profesora de inglés.

A Miguel, Omar, y Adrián por su amoroso apoyo. Juntos siempre tendremos la fuerza de MMOA.

A mi familia extendida y amigos por sus palabras de aliento a lo largo de este viaje.

«Un sueño no se hace realidad por arte de magia; necesita sudor, determinación y trabajo duro»

Colin Powell

«*Todos sabemos que los datos desempeñarán un papel cada vez más importante en todas las operaciones futuras. La forma en que usted y su organización apliquen los datos a las operaciones será la diferencia entre el éxito y el fracaso. Después de haber trabajado en esta área durante muchos años, ha llegado el momento de dar el siguiente paso en la evolución de la estrategia de datos. Marilú ha dado este paso. Como entusiasta adherente a la técnica del lienzo de negocio (business canvas), admiro mucho la diligencia con la que ha aplicado esto al concepto de formulación de una estrategia de datos. Hay una gran cantidad de material en este libro muy denso de consejos, técnicas y orientación extremadamente útiles. Probablemente, el aspecto más difícil de la formulación de la estrategia de datos se centra en el desafío de involucrar de manera significativa a varias partes interesadas en los diálogos necesarios para tomar los datos de su organización y aplicarlos de manera significativa en apoyo de la estrategia organizacional. El método descrito proporciona toda la orientación que necesitará.*»

Peter Aiken
President, DAMA International

«*Este es un libro completo sobre estrategias de datos. Marilú López ha ideado una forma de conectar la estrategia de datos con la gestión ejecutiva que hasta ahora ha sido una pieza que faltaba; cómo poner en marcha las estrategias de datos. No se limita a abordar el proceso de crear una estrategia de datos como si fuera un pastel para hornear. En cambio, hace que el lector piense en qué tipo de estrategias de datos se necesitan y cómo encajan en los desafíos, intenciones y aspiraciones de su organización. El contenido es muy creíble ya que Marilú López utiliza y se relaciona constantemente con la investigación académica, la literatura y las experiencias de los líderes de opinión. Por lo tanto, su marco PAC se basa en el conocimiento acumulado de hoy y lo lleva más lejos desde allí. Si está a punto de emprender un trabajo de estrategia de datos, debe empezar por revisar primero los mensajes de Marilú López.*»

Håkan Edvinsson
CTO, Principal Consultant, Informed Decisions

«*El libro de Marilú López es una importante adición al canon del Gobierno de Datos. Muchos libros muestran "el qué" y "el por qué": este libro te enseña "el cómo" de construir un programa exitoso. La primera sección está dirigida a los líderes empresariales y hace un excelente trabajo al educar a las personas no técnicas sobre la importancia de un programa de Gobierno de Datos. Pero el verdadero valor es proporcionar una hoja de ruta detallada, con herramientas prácticas para que los profesionales las utilicen, para entregar los resultados del programa, y capturar, demostrar y comunicar el valor.*

¡Altamente recomendado!»

«Los graduados universitarios de hoy en día piensan que la tecnología se trata de elegir una tecnología o un conjunto de tecnologías para realizar el trabajo. No ven que hay una infraestructura más grande de la que forman parte. Lo que se necesita es un libro sobre los conceptos más amplios que dan forma a la industria de TI. Recomiendo el libro de Marilú López como punto de partida para entender el marco más amplio bajo el cual opera la TI.»

«Me atrapó en "Pragmático, Ágil y Comunicable". Una de las percepciones de la Gestión de Datos es que somos lentos, demasiado complicados y utilizamos términos e ideas enrevesados. Este trabajo muestra que es totalmente posible definir una estrategia de datos que sea comprensible y utilizable por todas las partes interesadas: ejecutivos, directivos, trabajadores del conocimiento, desarrolladores y profesionales de datos. Marilú presenta todo lo que necesita para agregar valor de datos a su organización, adaptado a su industria y cultura organizacional. Espero aplicar el Método PAC a mis proyectos futuros.»

«Marilú ha producido una valiosa y detallada hazaña en esta muy completa guía para desarrollar una Estrategia de Datos a nivel empresarial que sea pragmática, ágil y comunicable. Está claro que reconoce, a partir de su propia amplia experiencia, que la mayoría de las organizaciones no han sido capaces de reunir el compromiso y la colaboración necesarios para producir acuerdos de toda la organización sobre cómo articular y alinear los componentes clave, es decir, la gestión de datos, la tecnología, la arquitectura y la gobernanza.

El reto que se impuso, y que ha dominado, es CÓMO aprovechar los intereses empresariales a la luz del panorama de datos y las oportunidades tecnológicas actuales y futuras. Su Ciclo de Estrategia de Datos de 10 pasos está completamente dilucidado, y cada actividad y subactividad, con sus correspondientes metas y objetivos, está completamente descrita. Ningún lector concienzudo podrá concluir que se ha descuidado cualquier nivel de instrucción (qué, quién, cuándo, cómo y por qué). A lo largo de los capítulos, los gráficos y diagramas resumen el método propuesto de manera efectiva. Dado que mis experiencias me han enseñado que todas las organizaciones, desde un gran conglomerado hasta una nueva empresa, se benefician de la realización de una Evaluación de la Gestión de Datos, fue gratificante ver eso como un requisito fundamental en la Parte 1, Paso 2, muy temprano en el ciclo de vida de la estrategia.

En mis cursos de gestión de datos durante la última década, uno de los principales ejercicios del equipo es esbozar una estrategia de gestión de datos porque reúne las disciplinas componentes de la gestión de datos y fomenta el pensamiento a nivel empresarial, que es vital para un Chief Data Officer.

Además, Marilú desmitifica la tarea crucial de descomponer la estrategia empresarial y alinearla con los datos: dominios, arquitectura y gobierno. El paso final en esta fase es el desarrollo de Indicadores Clave de Desempeño, que permiten a los ejecutivos medir el progreso hacia los objetivos estratégicos del negocio. Las fases de desarrollo de la Estrategia de Datos que ella describe en conjunto abarcan un hogar sistemático y consistente para cada elemento clave de lo que se necesita para administrar los activos de datos de manera efectiva.

Los Lienzos de Estrategia de Datos no sólo son un mecanismo útil para desentrañar la complejidad pedazo a pedazo, logrando acuerdos en cada paso del camino, sino que también se prestan como una prueba de concepto de los roles de propiedad y administración, que luego se planifican e implementan a través de una hoja de ruta integrada de varios niveles.

Los participantes en el desarrollo de la Estrategia de Datos ampliarán y profundizarán su comprensión de los datos a través de toda la organización y reconocerán sus responsabilidades desde cero. A lo largo del camino, Marilú aborda y aclara varios de los "términos del arte" de nuestra industria, como "basado en datos (data driven)", "alfabetización de datos (data literacy)" y "transformación digital (digital transformation)". Y emplea un enfoque racional y funcional para responder a la eterna pregunta que a menudo escuchamos en las conferencias: "¿Cuál es la diferencia entre la gestión de datos y el gobierno de datos?" El lector recibirá una respuesta basada en evidencias en este libro, ya que describe meticulosamente los roles y responsabilidades relacionados con las fases y las tareas de desarrollo de estrategias.

¡Si su organización ha reconocido la necesidad de crear una Estrategia de Datos, recomiendo ampliamente este libro! (Sin excusas, gente, ustedes pueden).»

Melanie Mecca

CEO & Principal EDM Expert, DataWise, Inc.

«La Estrategia de Datos es una piedra angular para construir el camino hacia una práctica de Gestión de Datos madura y en evolución. La madurez del proceso para definirlo evoluciona con el tiempo. Marilú ha plasmado esto en un proceso alcanzable que integra la Estrategia de Datos en la Planificación Estratégica del Negocio en un ciclo evolutivo.»

Mike Meriton

Co-founder and COO, Enterprise Data Management Council

«Este interesante libro captura una excelente colección de orientación, plantillas y métodos. Estos serán muy útiles para desarrollar y respaldar las capacidades de gestión de datos para una amplia gama de tipos de negocios en diversos grados de madurez. Hay excelentes ejemplos y narraciones para los profesionales de la gestión de datos a lo largo del viaje con una visión constante sobre cómo alinearse con las estrategias de negocio, lo que ayuda a responder a la pregunta "¿por qué les importaría?". Se describen escenarios relevantes e ideas sobre cómo manejar muchas situaciones a lo largo de su camino hacia el éxito. Los artefactos más atractivos son las muestras de lienzos (canvas), que pueden ser elementos visuales fáciles de usar, que unen un proceso y un flujo completos al tiempo que mantienen cada documento legible y consumible. El acrónimo PAC de Pragmático, Ágil y

Comunicable captura la esencia de este libro. El enfoque es práctico, utilizable y relevante. Es ágil en el sentido de que hay una flexibilidad incorporada en la forma en que puede usarlo y evolucionar en conjunto su negocio y las capacidades de gestión de datos. Por último, comunicable, se realiza muy bien a través de los diversos estilos de lienzos. Las entrevistas a lo largo del libro se alinean con la necesidad de emparejar estrategias de negocio y hacer una comprensión adicional de la necesidad de algo tan práctico en muchas empresas. Lo recomiendo encarecidamente como una herramienta de guía para cualquiera que intente desarrollar su organización a través de la Madurez de la Gestión de Datos.»

Dawn Michels
Presidents' Council Chair, DAMA International

«Lo que más me gustó del libro de Marilú López sobre Estrategia de Datos fue la «P» (Pragmático) en su Método PAC. En lugar de mucha teoría, este libro ofrece ideas prácticas sobre cómo iniciar o mejorar la Estrategia de Datos de una empresa. El tono conversacional de Marilú facilita la comprensión de los diferentes tipos de estrategias que una organización debe implementar bajo el paraguas de la "Gestión de Datos". Las entrevistas con expertos brindan al lector consejos prácticos obtenidos de sus años de experiencia trabajando con diversas organizaciones y también revelarán que la Gestión de Datos es más que recopilar y organizar datos. En primer lugar, se necesita un plan integral: el Método PAC.

Como dice Melanie Mecca en su entrevista: "Básicamente, los datos son para siempre; hay que gestionarlos de forma eficaz para siempre..." El método PAC, con sus comprensibles gráficos y tablas, responde al reto de implementar una estructura de datos duradera que contribuya a las nuevas tecnologías y a las nuevas herramientas e incluso resista los embates de la Inteligencia Artificial.»

Catherine Nolan
Board Member, DAMA International

«Un método directo lleno de pasos prácticos de cómo diseñar Estrategias de Datos adecuados para cualquier organización. Este libro responde al "Cómo" podemos alinear los Objetivos de Negocio con las Estrategias de Datos utilizando un conjunto de entregables clave. Un libro de lectura obligada para cualquier profesional de datos que se dirija a asumir un papel de liderazgo de datos.»

CDMP Diego Palacios
Fundador y Presidente en DAMA Capítulo Perú

«Por fin, parece que estamos llegando a un consenso de que nuestros datos, información y conocimiento son valiosos. El término "Activo de Información (Information Asset)" está ganando popularidad. Una empresa vitivinícola global ha tomado medidas sencillas para obtener el valor de sus Activos de Información a través de dos ejercicios distintos. En el primer ejercicio, mediante el desarrollo y la implementación de algunos instrumentos simples, incluido un plan de archivos y convenciones de nomenclatura, la organización impulsó una mejora de la productividad de US$10,800 por persona por año, aproximadamente un 10% de mejora del rendimiento. El Gerente de la Bodega

dijo: "No hay otro proyecto en toda nuestra cartera de inversiones que pudiera haber entregado un mayor resultado, más rápidamente, con una mejor satisfacción del personal". En el segundo ejercicio, la organización valoró y vendió datos de cosecha y producción, logrando un retorno de la inversión del 1,200% sobre 3 años y un punto de equilibrio en 13 semanas. Como nosotros, los Líderes de Datos, decimos en el Manifiesto, "Las mejores oportunidades de crecimiento orgánico de su organización se encuentran en los datos."

También se nos hace conscientes de forma regular y dolorosa de que nuestros datos, información y conocimiento son vulnerables. En un ejemplo desagradable, se informó que una reciente violación de datos le había costado al segundo proveedor de telecomunicaciones más grande de Australia el 10% de sus clientes móviles, y "el 56 por ciento de los clientes actuales están considerando cambiar de empresa de telecomunicaciones". Y una filtración de datos aún más reciente de la aseguradora de salud privada más grande de Australia ha reducido casi 2.000 millones de dólares de su capitalización bursátil.

Ya sea que estemos gestionando el riesgo, impulsando los resultados comerciales, o ambos, es reditruable administrar bien nuestros datos. Entonces, ¿cómo lo hacemos? Comenzamos desarrollando e implementando adecuadamente una estrategia de datos. Esto es más que palabras etéreas e intenciones vagas. Es más que nuevas y brillantes herramientas de software. Marilú ha escrito un método fácil de entender, paso a paso y basado en artefactos, sobre cómo definir estrategias de datos. Este es un recurso valioso que nos guía en cómo valorar y proteger nuestros activos más vitales, nuestros datos, información y conocimiento. Recomiendo el método PAC de Estrategia de Datos a cualquiera que se tome en serio hacerlo.»

James Price
CEO Experience Matters

«Durante décadas, se ha aconsejado a los profesionales de datos que «se acerquen al negocio» y que "conecten el negocio y la estrategia de datos", pero ¿cómo? ¡Por fin un libro que responde a esta pregunta! ¡Bien hecho, Marilú López!»

Tom Redman
"The Data Doc", Data Quality Solutions

«En su libro, **Marilú López** lleva la "Estrategia de Datos" a un nuevo nivel. Con más de 20 años de experiencia en gobierno y gestión de datos, es capaz de llevar la **Estrategia de Datos** de idealista a pragmática, de flexible a precisa, y de teórica a práctica. El **Método PAC** le guiará paso a paso hacia la implementación exitosa de una estrategia de datos (o estrategias, como aprenderá cuando lea el libro). Es una lectura obligada para los profesionales de datos que codician la "ventaja competitiva" en la gestión de "activos de datos" en sus empresas al tener e implementar una Estrategia de Datos sólida.»

Alejandro Rejón
Profesional de Gobierno de Datos | DAMA CDMP | Certificado ISO 8000 Master Data Quality Manager| M.Sc. Finance

«*Una guía encantadora sobre cómo diseñar estrategias de datos sólidas de manera efectiva. En este libro, Marilú cierra brillantemente una brecha importante, mostrando con gracia todo su conocimiento, experiencia e inteligencia al simplificar una de las tareas más complejas en la gestión de datos, creando una estrategia de datos sólida y alcanzable. Ya he puesto en práctica muchas de las pautas detalladas en el método, y estoy seguro de que será de gran ayuda para las instituciones que ven como un sueño imposible la definición y consecución de estrategias de largo plazo, especialmente en América Latina.*»

David Rivera
Vicepresidente de Desarrollo Académico en DAMA Capítulo Ecuador

«*Marilú se ha casado con dos grandes ideas. En primer lugar, ilustra cómo una estrategia de datos es un paraguas bajo el cual se sitúan otras estrategias específicas. En segundo lugar, muestra cómo usar lienzos para crear resúmenes de 1 página que cada miembro del personal puede llevar consigo y ejecutar en el trabajo. Es un enfoque simple pero rico en información y muy práctico. ¡¡¡Bravo!!!*»

Gwen Thomas
Founder and Principal Consultant, The Data Governance Institute

Contenido

Figuras

Tablas

Acerca de la Autora

Marilú López (María Guadalupe López Flores) es ciudadana mexicana y estadounidense nacida en Los Ángeles, California, pero criada en la Ciudad de México. Dedicó más de 30 años a la vida corporativa en el sector financiero antes de convertirse en consultora y capacitadora en Gestión de Datos. Es pionera en la práctica de Arquitectura Empresarial en México, lo que la llevó a enfocarse en Arquitectura de Datos y, de ahí, expandir su práctica a la Gestión de Datos, especializándose en Gobierno de Datos, Gestión de Metadatos, y Gestión de Calidad de Datos. Durante décadas sufrió de la falta de una Estrategia de Datos holística y amplia. Su pasión por la Gestión de Datos la ha llevado a realizar trabajo voluntario para DAMA International mediante diversos roles, desde presidenta de DAMA Capítulo México hasta convertirse en vicepresidenta de Servicios para Capítulos.

En su rol como empresaria Marilú es la fundadora y directora general de SEGDA (Servicios de Estrategia y Gestión de Datos Aplicada). Esta compañía mexicana tiene como objetivo contribuir a la educación de profesionales en datos y apoyar a las organizaciones en la travesía de gestionar sus datos para obtener valor de ellos a través de la definición de Estrategias de Datos y la implementación de Modelos Operativos.

Agradecimientos

Sin duda, este libro no se hubiera hecho realidad sin la coincidencia en tiempo y espacio de tres personas clave, con quienes siempre estaré en deuda: Danette, Laura, y Steve.

Nunca olvidaré ese almuerzo en DGIQ (*Data Governance and Information Quality*) 2021 en San Diego. Entre la alegría de una reunión en persona después de la pandemia por COVID-19, el encuentro con buenos y admirados amigos, y el compartir la mesa con Danette McGilvray. Fue increíble; en lo que fue una charla informal y no planificada, le conté mi sueño de escribir un libro algún día. Solo pasaron unos minutos antes de que ella estuviera a mi lado, dándome orientación sobre cómo escribir un libro. No podría estar más agradecida por todo lo que me ha enseñado sobre cómo escribir un libro y cómo publicarlo. No solo recibí toda esta valiosa orientación de ella, sino también motivación constante, sobre todo cuando pensé que este trabajo era inútil. Su invaluable mentoría me inspira a compartir mi propuesta con la amplia comunidad de datos, con la esperanza de que esta semilla pueda llegar a lugares inimaginables para contribuir a un mundo con mejores datos.

Aunque nací en Estados Unidos, mi lengua materna siempre ha sido el español. Uno de mis mayores retos fue escribir este libro en inglés para poder compartirlo con los líderes de opinión en Gestión de Datos y obtener sus comentarios. Conocí a Laura Sebastian-Coleman en 2019, cuando fue invitada a hablar en la conferencia anual de DAMA Capítulo México. Aprendí lo amable y accesible que es. Esto me motivó a enviarle mi propuesta de proyecto de libro para explorar si creía que podría interesar a los lectores. Cuando recibí la edición de mi propuesta, me impresionó el nivel de detalle, la perspicacia y el valor de su retroalimentación. Ella fue muy amable al editar mi libro. Cuando trabajé en la coordinación y edición de la traducción al español de la 2ª edición del DMBOK, recuerdo haber pensado en el arduo trabajo que hizo para editarla. Un trabajo que no envidio en absoluto. El segundo regalo invaluable que me dio la vida en este viaje fue contar con el apoyo de Laura. Ella no solo ha sido la mejor profesora de inglés que podría imaginar. Ella representa la valiosa combinación de ser una experta en inglés y una líder de opinión en Gestión de Datos.

Incluso con el maravilloso apoyo de Danette y Laura, usted no estaría leyendo esto si Steve Hoberman no hubiera confiado en este trabajo. Cuando trabajaba en la traducción al español de la 2ª edición del DMBOK, aprendí lo pragmático que es Steve. Esto es algo que admiro profundamente de él. Esto me hizo sentir segura de que mi sueño podía hacerse realidad. Así que gracias, Steve, por confiar en mí y en mi trabajo.

La vida me ha dado la fortuna de conocer a personas con vasta experiencia en Gestión de Datos y verdaderos líderes de opinión, de quienes he aprendido la mayor parte de lo que sé en este fascinante mundo de datos. Recuerdo que conocí a Bill Inmon a principios de la década de 1990. Estaba brindando consultoría sobre nuestro almacén de datos en el banco en el que yo trabajaba. Me dijo algo que nunca olvidaré: «Si lees un reporte y no eres capaz de saber de dónde provienen los datos, no estás gestionando tus datos». Veintinueve años después, este recuerdo me impulsó a invitarlo a la última conferencia anual de DAMA Capítulo México que organicé. Me impresionó cuando respondió de inmediato y aceptó. La experiencia fue inolvidable. Estoy agradecida y honrada por su respuesta inmediata a la entrevista, pero, sobre todo, por su amistad.

Algunas personas me han preguntado por qué dedico tanto tiempo de mi vida a mi trabajo voluntario en DAMA International. Mi respuesta es que obtengo una recompensa muy alta con toda la experiencia que he ganado y las grandes personas que he podido conocer. En la segunda conferencia anual de DAMA Capítulo México, invitamos a Tom Redman y James Price, y aprendí mucho de ellos. La forma práctica de enseñar Calidad de Datos de Tom y la maravillosa historia detrás de *Experience Matters* de James me han inspirado mucho. Gracias a ambos por aceptar ser parte de este libro a través de las entrevistas sobre Estrategia de Datos.

Fue en la primera conferencia de DAMA Capítulo México que tuvimos a Melanie Mecca como oradora invitada. Recuerdo la emoción que tenía de cenar con la directora del Modelo de Madurez de Gestión de Datos que había estado usando en el trabajo. La adopción de un Modelo de Madurez de Gestión de Datos es una pieza esencial para el Método PAC de Estrategia de Datos, por lo que tuve que preguntarle a Melanie cuál era su experiencia con la Estrategia de Datos. Gracias Melanie por aceptar participar y apoyar mis hallazgos sobre el impacto de la falta de Estrategias de Datos.

La conferencia DGIQ 2021 en San Diego fue el escenario donde conocí a David Plotkin, de quien tantas veces he hecho referencia en mis clases. Recuerdo haber charlado con él en el *stand* de DAMA International. Le hablé de mi libro y de que me gustaría conocer su punto de vista sobre la Estrategia de Datos. Accedió a ser entrevistado. Gracias por eso, David, y por tus comentarios constructivos.

Hay un enfoque sobre el Gobierno de Datos que me gusta mucho. Se trata del enfoque contenido en el libro *Data Diplomacy* (Diplomacia de Datos) de Håkan Edvinsson. La idea de pasar de un modelo coercitivo a un Gobierno de Datos basado en principios y extender la influencia de esta función más allá de las políticas de datos me llamó la atención de inmediato. Disfruté mucho charlando con Håkan durante la entrevista y confirmando que teníamos coincidencias en la forma en que veíamos la Estrategia de Datos. Gracias, Håkan.

La motivación más fuerte que tuve para escribir este libro vino de los comentarios positivos que recibí de las audiencias al hablar sobre el Método PAC de Estrategia de Datos en las conferencias EDW y DGIQ, así que un agradecimiento especial a Tony Shaw por darme la oportunidad de compartir mis ideas.

Varias obras inspiraron ésta. Quiero agradecer a Donna Burbank por su apertura al permitirme citar su Marco de Referencia en Estrategia de Datos.

La inspiración más poderosa que tuve vino del Lienzo de Modelo de Negocios, así que gracias, Alex Osterwalder, por crearlo y difundirlo mundialmente.

Todas las ideas que reuní para producir el Método PAC de Estrategia de Datos no tendrían ningún valor si no se aplicaran en la vida real en diferentes organizaciones. Agradezco especialmente a mis excompañeros en la aventura de vivir el método en las primeras organizaciones, Ramón Hernández y Christian Vázquez, colegas que conocí al fundar DAMA Capítulo México. Gracias, Ramón, por encontrar oportunidades para aplicar la metodología.

Durante el viaje de escribir este libro, encontré a un gran porrista. Un venezolano que vive en Australia, que se convirtió en mi primer lector. Proporcionó muy buenos comentarios desde la perspectiva de un lector común, siendo un profesional de Gobierno de Datos. ¡Gracias, Alex Rejón!

No estaría en este camino si no hubiera conocido DAMA International. Estoy más que agradecida con esta increíble organización y con todos los miembros de la Junta de directores que he conocido en el pasado y en el presente, por brindarme grandes experiencias.

A todos mis otros lectores beta, Gwen Thomas, Cathy Nolan, Karen Lopez, Dawn Michels, Charles Harbour, Diego Palacios, David Rivera, Peter Aiken y Mike Meriton, gracias por dedicar su tiempo a leer mi libro y un gran GRACIAS por sus amables y solidarias palabras. Me hace sentir que todo el esfuerzo valió la pena.

Tuve la fortuna de tener a alguien en mi camino para plasmar la esencia de mi trabajo en el diseño de la portada del libro, Christian Inchaustegui. ¡Gracias, Peech! No puedo dejar de lado a Aarón Torres y Carlos Sánchez, quienes crearon el sitio web que acompaña a este libro. Todos ellos forman parte del increíble equipo de Treehouse Marketing liderado por Omar Pérez. ¡Gracias a todos!

Por último, pero no menos importante, un gran GRACIAS a Miguel, mi amado compañero en muchos sentidos, por su forma especial de animarme.

En esta edición en español, quiero agradecer profundamente a mi hijo, Omar Pérez López, por haber realizado esta traducción. Es para mí muy significativo, pues a través de la traducción de mi trabajo, ha podido conocer y comprender el por qué de mi pasión por este mundo de la Gestión de Datos.

Esta edición en español surge en el primer aniversario de la versión original en inglés. Quiero agradecer el extraordinario trabajo de mercadotecnia digital que Treehouse Marketing ha realizado para difundir mi obra.

Prólogo

Si no ha oído hablar de Marilú López, ¡déjeme ser la primera en presentarla! Marilú es muy conocida en la comunidad de gestión de datos en México, ya que fue cofundadora y se desempeñó como funcionaria de DAMA México. También es conocida internacionalmente por su extenso trabajo en la junta directiva de DAMA International (DAMA es la Asociación de Gestión de Datos – *Data Management Association por sus siglas en inglés*). Sus años trabajando en el sector financiero y ahora por su cuenta como consultora le dan una profunda experiencia en la gestión de datos. Entiende los conceptos fundamentales y tiene experiencia en la vida real implementando con éxito esas ideas. Puede estar seguro de que tiene las credenciales para escribir este libro.

Durante el almuerzo en la Conferencia DGIQ (Data Governance Information Quality) de diciembre de 2021, compartió sus ideas sobre estrategia y describió cómo estaba aplicando el Lienzo de Modelo de Negocios de Alex Osterwalder a los datos. Estaba intrigada. Como alguien que predica la necesidad de una estrategia para priorizar lo que es importante para su organización y guiar su viaje en la gestión de datos, yo quería saber más. Marilú había desarrollado su propio método de estrategia de datos y estaba considerando escribir un libro. Inmediatamente la animé. Estaba segura de que tenía algo único que compartir y que su enfoque contribuiría significativamente al campo de la gestión de datos.

Mis primeros instintos eran correctos. Nuestra comunidad de datos necesita este libro y, por extensión, aquellos a quienes servimos necesitan este libro. Con el «qué», el «por qué» y el «cómo» descritos aquí, estará usted bien equipado para utilizar la estrategia de datos para ayudar a su organización a tener más éxito.

Como nota final, celebremos el hecho de que este es uno de los primeros libros de gestión de datos escritos por una mujer de América Latina. ¿Quién mejor que Marilú para llevar este mensaje y compartirlo con el mundo?

¿Está listo? ¡Dé vuelta a la página y a trabajar!

Danette McGilvray
President, Granite Falls Consulting, Inc.
Consultant, Trainer, Speaker, Coach.
Author Executing Data Quality Projects: Ten Steps to Quality Data and Trusted Information™, 2nd
Ed. (2021, Elsevier/Academic Press)

Introducción

La mayoría de los libros con «Estrategia de Datos» en sus títulos se centran en estrategias para el Análisis de Datos y Big Data.[1] Revisando el esquema de los libros disponibles en el mercado, noté que el patrón típico es hablar de Estrategia de Datos desde un punto de vista filosófico, describiendo **QUÉ** es y **POR QUÉ** es esencial. Algunos libros hablan de cómo ejecutar una Estrategia de Datos, pero ningún libro que haya encontrado presenta un método paso a paso y apoyado en artefactos sobre **CÓMO** definir Estrategias de Datos, que es lo que hará este libro. Este libro presentará el **Método PAC de Estrategia de Datos** (Pragmático, Ágil y Comunicable, *en el sentido de fácilmente comunicado*). Presenté este método a un alto nivel en foros internacionales como Dataversity EDW 2021, DGIQ 2021, EDW Digital 2022 y EDW Digital 2023, con excelentes y positivos comentarios de los asistentes. Ahora quiero compartir esa metodología en detalle con la comunidad de Gestión de Datos en general.

El Método PAC de Estrategia de Datos (*The Data Strategy PAC Method*) se enfoca en tres conceptos interdependientes:

- La **Estrategia de Datos** es la guía de más alto nivel disponible para una organización, que centra las actividades relacionadas a datos con el cumplimiento articulado de metas basadas en datos y proporciona dirección y orientación específica cuando se enfrenta a un flujo de decisiones o incertidumbres. (Aiken y Harbour, 2017)

- La **Gestión de Datos** es el desarrollo, la ejecución y la supervisión de planes, políticas, programas y prácticas que proporcionan, controlan, protegen y mejoran el valor de los datos y los activos de información a lo largo de sus ciclos de vida. (DAMA International, 2017)

- El **Gobierno de Datos** es el ejercicio de la autoridad, el control y la toma de decisiones compartidas (planificación, supervisión y aplicación) sobre la gestión de los activos de datos. (DAMA International, 2017)

El Edificio de Gestión de Datos (Figura 1) muestra cómo estos conceptos se relacionan entre sí. El edificio representa una organización. La Gestión de Datos, con todas sus funciones rodeadas por la función principal, el Gobierno de Datos, representa los cimientos del edificio. Los

---

[1] Modern Data Strategy (Fleckenstein, 2018); Data Strategy and the Enterprise Data Executive (Aiken & Harbour, 2017); Data Strategy: from definition to Execution (Wallis, 2021); Data Strategy: How to Profit from a World of Big Data, Analytics, and the Internet of Things (Marr, 2021); Driving Data Strategy: The Ultimate Data Marketing Strategy to Rocket Your Global Business (Fawzi, 2021); AI and Data Strategy: Harnessing the business potential of Artificial Intelligence and Big Data (Marshall, 2019); Data Strategy (Adelman, 2005); Data Strategy Canvas for Healthcare Organizations (Walters, 2019).

apartamentos de cada planta del edificio representan las unidades organizacionales. El edificio cimentado se debe a la solidez de los cimientos, complementado con las extensiones del Gobierno de Datos a través de Custodios de Datos que viven en cada piso y las Políticas de Datos que deben seguir los habitantes de cada apartamento. Cuatro pilares complementan la estructura del edificio para evitar el colapso: el Modelo Operativo de Gobierno de Datos, el Modelo Operativo de Arquitectura de Datos, el Modelo Operativo de Gestión de Metadatos y el Modelo Operativo de Calidad de Datos.

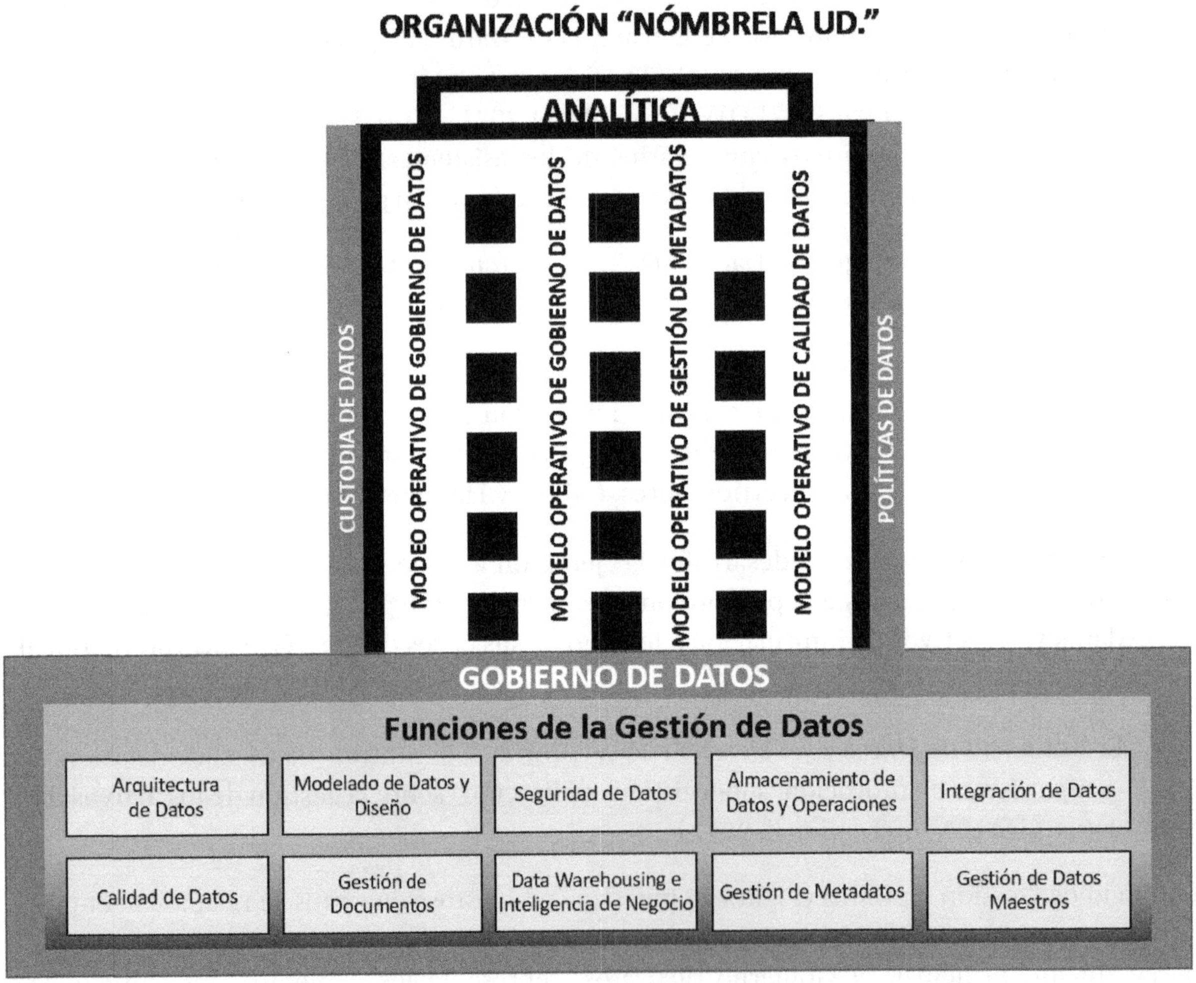

ORGANIZACIÓN "NÓMBRELA UD."

ANALÍTICA

| CUSTODIA DE DATOS | MODELO OPERATIVO DE GOBIERNO DE DATOS | MODELO OPERATIVO DE GOBIERNO DE DATOS | MODELO OPERATIVO DE GESTIÓN DE METADATOS | MODELO OPERATIVO DE CALIDAD DE DATOS | POLÍTICAS DE DATOS |

GOBIERNO DE DATOS

Funciones de la Gestión de Datos

Arquitectura de Datos	Modelado de Datos y Diseño	Seguridad de Datos	Almacenamiento de Datos y Operaciones	Integración de Datos
Calidad de Datos	Gestión de Documentos	Data Warehousing e Inteligencia de Negocio	Gestión de Metadatos	Gestión de Datos Maestros

Figura 1 La Metáfora del Edificio de Gestión de Datos

Basado en el Marco de Estrategias de Datos (ver Figuras 2 y 3), la Estrategia de Datos es la guía maestra para construir el edificio desde los cimientos hasta el techo. Los Lienzos de Estrategias de Datos son los planos para comunicar esto a los albañiles. El Líder de Datos (por ejemplo, director de Datos (*Chief Data Officer*), Líder de Gobierno de Datos (*Data Governance Lead*)) es el gerente de la obra. A lo largo de las páginas de este libro, encontrará explicaciones detalladas del Marco de Referencia de Estrategias de Datos, los lienzos utilizados para documentar las

Estrategias de Datos y los pasos específicos a seguir para crear un proceso continuo para producir y mantener las Estrategias de Datos.

Dediqué la mitad de mis 32 años de vida corporativa en el sector financiero a temas relacionados con la Gestión de Datos. Durante esos años me enfrenté a diferentes Estrategias de Datos. No sabía qué incluir en una Estrategia de Datos, pero me di cuenta de que estaban incompletas y no estaban totalmente alineadas con las prioridades del negocio. Cuando me «retiré» en el 2019, quise mantener mi mente activa, así que comencé mi caminar como consultora e instructora en Gestión de Datos. Mi primer proyecto fue definir una Estrategia de Datos. No tenía idea de cómo hacerlo, así que busqué métodos específicos en Internet. No encontré exactamente lo que quería, pero me inspiré para desarrollar nuevas ideas.

Una fuente de inspiración para la Estrategia de Datos fue el Marco de Referencia de *Global Data Strategy, Ltd. (GDS)*, inspirado por Donna Burbank.[2] De él, aprendí cómo relacionar la Estrategia de Datos con la Estrategia Empresarial.

Adicionalmente, DAMA (Data Management Association)[3] es una inspiración para mí. DAMA es una organización profesional sin fines de lucro, neutral respecto a proveedores y tecnologías, que ha desarrollado un Marco de Referencia de Gestión de Datos integral que me ha guiado desde el 2012.[4] (Ver el *DMBOK 2da Edición* (2017).[5]) Me involucré profundamente con el DMBOK cuando coordiné y edité su traducción al español. Aprendí sobre esta organización mientras trataba de educarme para entender cómo crear una práctica de Gobierno de Datos, y comenzó así una larga relación con DAMA.

Otra Fuente de inspiración fue el DCAM, la Guía del Modelo para Evaluación de Capacidades en Gestión de Datos (*Data Management Capability Assessment Model Guide 2.2*) (Enterprise Data Management Council, 2021).[6] Mi participación como una de las traductoras de la edición en español me permitió tener un entendimiento más profundo de la misma.

Sin embargo, la fuente más potente de inspiración fue el *Business Model Canvas* de Alex Osterwalder.[7] Conocí el enfoque de Osterwalder en 2006 durante un Diplomado de Arquitectura Empresarial que diseñé con una Universidad en México, y lo he utilizado desde entonces. Emulando el uso del lienzo (*canvas*) por parte de un artista, Osterwalder representa en una sola

---

[2] Global Data Strategy, Ltd.´s (GDS) Framework https://globaldatastrategy.com/

[3] Data Management Association International https://www.dama.org

[4] DAMA's Framework https://www.dama.org/cpages/DMBOK-2-wheel-images

[5] DAMA DMBOK 2nd Edition https://technicspub.com/DMBOK/

[6] Enterprise Data Management Council -DCAM Framework https://edmcouncil.org/frameworks/dcam/

[7] Alexander Osterwalder https://www.alexosterwalder.com/ Business Model Canvas https://bit.ly/3LSV4bb

lámina todo lo que se necesita para entender, a primera vista, el Modelo de Negocio de cualquier organización, independientemente de su tamaño y del sector al que pertenezca. Si un lienzo puede documentar con éxito los Modelos de Negocio, ¿por qué no debería ser una herramienta poderosa para escribir Estrategias de Datos?

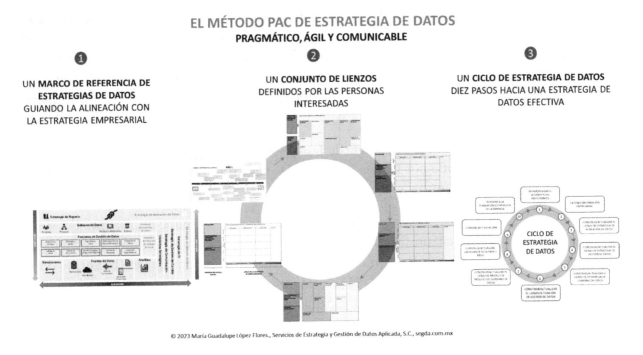

Figura 2 Componentes del Método PAC de Estrategia de Datos

Estas fuentes me inspiraron a diseñar un método para desarrollar Estrategias de Datos utilizando lienzos que muestren claramente, cada uno en una sola lámina, qué hacer, cuál estructura organizacional usar, qué tipo de datos incluir, qué iniciativas involucrar, y qué métricas mostrar para demostrar progreso y efectividad. **El Método PAC de Estrategia de Datos** se conforma de tres componentes: un marco de referencia, un conjunto de lienzos, y un ciclo de estrategia (Figura 2).

- **El Marco de Referencia de Estrategias de Datos** es el primer componente del **Método PAC de Estrategia de Datos** (Figura 3). Da cabida a la idea de que no existe una única Estrategia de Datos sino múltiples. El Marco de Referencia muestra diferentes Estrategias de Datos y su relación con las otras estrategias organizacionales. Revisaremos este Marco de Referencia en el Capítulo 3.

- La vida corporativa me enseñó cuán difícil es involucrar a las personas interesadas (*stakeholders*). Llamar su atención y conseguir su aceptación requiere un enfoque pragmático, ágil y claro. Esta es la razón por la cual desarrollé el segundo componente, **el Conjunto de Lienzos de Estrategia de Datos**, para describir cada tipo de Estrategia de Datos (Figura 4). Exploraremos estos lienzos en el Capítulo 5.

- El tercer componente, **el Ciclo de Estrategia de Datos**, es un conjunto de diez pasos a seguir anualmente para mantener alineadas las estrategias (Figura 5). Cubriremos este ciclo en el Capítulo 7.

He aplicado este método en varias organizaciones de diferentes sectores desde el 2019. Fundé SEGDA (Servicios de Estrategia y Gestión de Datos Aplicada), una empresa de consultoría con sede en México pero que atiende de forma remota a organizaciones en diversas locaciones. SEGDA se centra en ayudar a las organizaciones a definir sus Estrategias de Datos e implementar Modelos Operativos de Gestión de Datos. La práctica de estos casos de la vida real me ha permitido refinar la metodología.

UN **MARCO DE REFERENCIA DE ESTRATEGIAS DE DATOS**
GUIANDO LA ALINEACIÓN CON LA ESTRATEGIA EMPRESARIAL

© 2023 María Guadalupe López Flores., Servicios de Estrategia y Gestión de Datos Aplicada, S.C., segda.com.mx

Figura 3 Componente 1: El Marco de Referencia de Estrategias de Datos

En 2021, 2022 y 2023 presenté el **Método PAC de Estrategia de Datos** en la conferencia *Enterprise Data World* (EDW). Debido a la pandemia de COVID-19, estas tres conferencias fueron digitales, pero los comentarios que recibí de los asistentes fueron muy positivos. *Data Governance and Information Quality* (DGIQ) 2021 fue una conferencia presencial en San Diego donde pude ver la reacción positiva de la audiencia de la multitud que estaba de pie. Los comentarios que recibí después del EDW 2022 Digital fueron combustible para mí, haciéndome saber que estaba en el camino correcto. Sabía que valía la pena convertir la historia que logré contar en 40 minutos en un libro con suficiente detalle para que usted sepa cómo usar el método, pero sin la carga de un largo trabajo teórico. Espero lo encuentre útil.

UN **CONJUNTO DE LIENZOS**
DEFINIDOS POR LAS PERSONAS
INTERESADAS

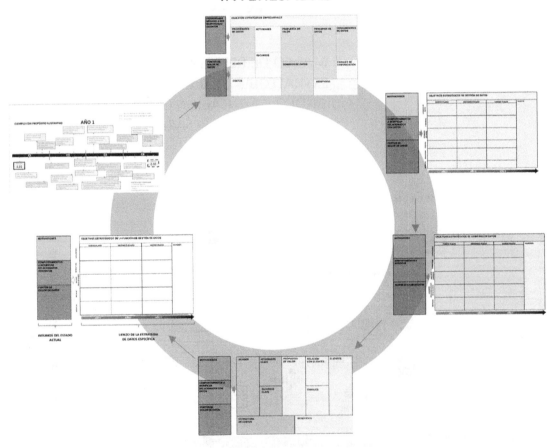

© 2023 María Guadalupe López Flores., Servicios de Estrategia y Gestión de Datos Aplicada, S.C., segda.com.mx

Figura 4 Componente 2: El Conjunto de Lienzos de Estrategia de Datos

Basándome en lo que vi y escuché en las organizaciones con las que trabajé y en los comentarios de las personas a las que capacité en Gestión de Datos, me di cuenta de que las Estrategias de Datos que alineaban los esfuerzos en el área de datos con los objetivos estratégicos del negocio eran difíciles de encontrar. No existe una conciencia generalizada entre los directores de departamento sobre la relevancia de tener una Estrategia de Datos alineada con los objetivos de negocio. Y la mayoría de las organizaciones no tratan a los datos como el activo empresarial estratégico que deberían ser.

Figura 5 Componente 3: El Ciclo de Estrategia de Datos

Desde el 2017 he conocido a algunos gurús en este fantástico viaje de la Gestión de Datos. Incluso he tenido la suerte de hacerme amiga de algunos de ellos. Pensé que los lectores estarían interesados en saber qué piensan estos expertos sobre el papel de la Estrategia de Datos para permitir un gobierno de datos exitoso, así que les pregunté. Me siento honrada de haber tenido la oportunidad de entrevistar a Bill Inmon, Melanie Mecca, James Price, Håkan Edvinsson, Tom Redman, David Plotkin y Danette McGilvray. Encontrará una entrevista al final de cada capítulo de este libro.

Cómo Usar Este Libro

Este libro está dividido en dos partes (Figura 6):

- La parte 1 provee contexto para entender los conceptos y el razonamiento detrás del **Método PAC de Estrategia de Datos**. Describe el Componente 1, el Marco de Referencia de Estrategias de Datos, y el Componente 2, el Conjunto de Lienzos de Estrategia de Datos.

- La parte 2 describe el Componente 3 del **Método PAC de Estrategia de Datos**, el Ciclo de Estrategia de Datos, que se enfoca la implementación de la metodología.

Es posible que desee omitir la Parte 1 e ir directamente al Ciclo de Estrategia de Datos, pero le recomiendo encarecidamente que revise la Parte 1 para comprender las motivaciones y el material de apoyo para cada paso del ciclo. Además, en cada uno de los capítulos de la Parte 1 obtendrá puntos específicos de aprendizaje y conclusiones. Diseñé los capítulos para contar una historia coherente si los repasa secuencialmente.

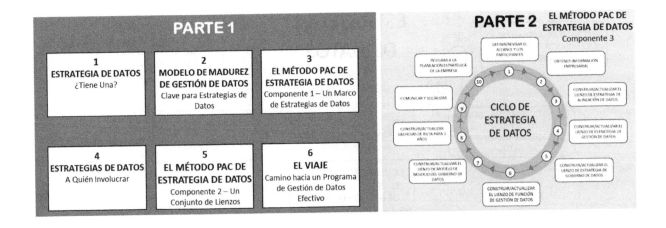

Figura 6 Mapa del Libro

Al principio de cada capítulo encontrará el Mapa del Libro que indica dónde se encuentra en su viaje. En la Parte 2, cada uno de los pasos descritos tendrá el Mapa del Ciclo de la Estrategia de Datos que indica dónde se encuentra en cada uno de los pasos del ciclo.

Convención de Mayúsculas: He puesto en mayúsculas todos los términos relevantes para las ideas presentadas en este libro y así recalcar su importancia en la práctica de la Gestión de Datos (este es el primer ejemplo de esta convención). Cuando se utilizan términos individuales (datos, gestión, estrategia), no los escribo en mayúsculas. También he puesto en mayúsculas las palabras de moda estrechamente relacionadas con los temas abordados en este trabajo.

Este libro cuenta con un sitio web de acompañamiento. Allí encontrará plantillas para los artefactos mencionados en este libro, ejemplos de los Lienzos de Estrategia de Datos, casos de estudio y otras referencias que pueden resultarle útiles. Este es también el lugar donde podrá dejar sus comentarios y compartir su experiencia utilizando este método. Por favor, aproveche la oportunidad de probar el método y cuéntenos cómo fue su experiencia.

Operado por Treehouse Marketing

https://www.treehouse.business/

https://www.linkedin.com/company/thousemkt

El Contexto

A pesar de que este libro no pretende ser un tratado sobre Estrategia de Datos o Gestión de Datos (sí, con mayúsculas debido a la relevancia de estos dos conceptos), necesito establecer un contexto antes de describir la metodología en sí.

La parte 1 presentará este contexto en los Capítulos 1 a 6, empezando con los temas más generales para dar paso a los componentes clave usados en el método.

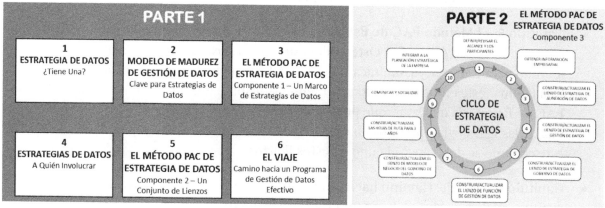

Figura 7 Parte 1 Mapa del Libro

- **Capítulo 1: Estrategia de Datos: ¿Tiene Una?** El capítulo inicial sienta las bases para el **Método PAC de Estrategia de Datos**. Presenta varias definiciones de estrategia que inspiraron el método descrito en este libro y establece las bases sobre la definición de Estrategia de Datos utilizada aquí. Este capítulo explora la madurez percibida de las organizaciones en materia de Estrategia de Datos haciendo referencia a estudios existentes, incluido uno realizado por la autora en colaboración con una Universidad de México, para comprender el estado actual de la Gestión de Datos y su relación con la Estrategia de Datos en América Latina.

- **Capítulo 2: Modelo de Madurez de Gestión de Datos: Clave para Estrategias de Datos.** El objetivo principal de las Estrategias de Datos es mover a la organización de su estado actual a uno deseado. Una pregunta crucial es cuál es el estado deseado. Aquí es donde el uso de un Modelo de Madurez de Gestión de Datos es fundamental para comprender qué capacidades están implementadas y cuáles deben implementarse. Este capítulo aborda la relevancia de los Modelos de Madurez de Gestión de Datos basados en capacidades y su papel como guía de las Estrategias de Datos.

- **Capítulo 3: El Método PAC de Estrategia de Datos: Componente 1 – Marco de Referencia de Estrategias de Datos.** Uno de los mensajes esenciales de este libro es que Estrategia de Datos no es un concepto en singular sino en plural. En este capítulo se describen las diferentes Estrategias de Datos que se deben desarrollar para que una organización obtenga más valor de sus datos. También describe cómo estas estrategias se relacionan entre sí y con otras Estrategias de Negocio y de TI de la organización.

- **Capítulo 4: Estrategias de Datos: A Quién Involucrar.** El papel del Líder en Gobierno de Datos ha evolucionado en los últimos años. La responsabilidad de este rol va más allá de la definición de políticas de Gobierno de Datos, el establecimiento de estándares de datos, y la resolución o escalamiento de problemas relacionados a datos. El actual Líder en Gobierno de Datos es muy activo en la promoción de una cultura de datos y en garantizar que las Estrategias de Datos sean efectivas. El Líder en Gobierno de Datos debe orquestar la participación de personas interesadas (*stakeholders*) clave a través de toda la organización. Este capítulo describe cómo hacer esto sin morir en el intento.

- **Capítulo 5: El Método PAC de Estrategia de Datos: Componente 2 – Un Conjunto de Lienzos.** En 2005, Alexander Osterwalder definió el *Business Model Canvas* como un método para capturar y comunicar el modelo de negocio de una organización en una sola lámina. Este enfoque ha sido una fuente de inspiración fundamental para el Método PAC de Estrategia de Datos, que propone un lienzo diseñado específicamente para cada una de las Estrategias de Datos en el Marco de Referencia de Estrategias de Datos. En este capítulo se describe cada uno de estos lienzos.

- **Capítulo 6: El Viaje: Camino hacia un Programa de Gestión de Datos Efectivo.** Este capítulo explica el camino hacia un Programa de Gestión de Datos eficaz, comenzando con una pregunta común que se hacen las personas involucradas en este trabajo: ¿Por dónde empezamos?

Al final de cada capítulo, usted encontrará tres elementos de cierre:

Conceptos Clave

Tres Cosas Para Tener en Cuenta

Entrevista sobre Estrategia de Datos

1. Estrategia de Datos: ¿Tiene Una?

«La esencia de la estrategia es elegir qué no hacer»

Michael Porter

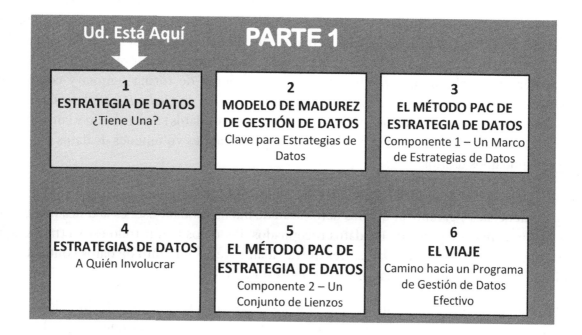

1.1. El Rol de la Gestión de Datos en la Era de la Transformación Digital

En 2012, me involucré profundamente en la Gestión de Datos cuando la dirección me pidió que creara la primera Oficina de Gobierno de Datos en la organización a la que dediqué 32 años de mi vida profesional. Debido a la crisis financiera de 2008, tuve la oportunidad de comenzar mi viaje en la Gestión de Datos después de varios años de tratar de promover la disciplina de la Arquitectura Empresarial e implementar el Gobierno de Arquitectura.[8] Para estar

---

[8] Financial crisis of 2007-2008 https://bit.ly/3yUEkNK; 2008 Financial Crisis https://bit.ly/3ySiiva; The Collapse of Lehman Brothers: A Case Study https://bit.ly/3NBEy0F

mejor preparada para implementar la práctica de Gobierno de Datos, asistí por primera vez a la Conferencia EDW (*Enterprise Data World*), donde aprendí acerca de DAMA International. Desde entonces, he dedicado una cantidad significativa de tiempo como voluntaria a evangelizar la importancia de la Gestión de Datos.

Convencida de que este es un viaje continuo en el que nunca dejamos de aprender, asisto a eventos relacionados con datos con regularidad. Los oradores frecuentemente hacen énfasis en el explosivo crecimiento de datos en años recientes. En mis primeras presentaciones cité estadísticas que mostraban que la Corporación Internacional de Datos (IDC, por sus siglas en inglés)[9] estimaba que el crecimiento de la cantidad de datos globales para 2020 era de 44 ZB (*zettabytes*). En marzo de 2021, la IDC publicó sus pronósticos anuales *DataSphere* y *StorageSphere*[10], los cuales miden la cantidad de datos creados, consumidos y almacenados anualmente. En 2020, 64.2 ZB habían sido creados, un 45% más de lo esperado en su anterior predicción en 2019. La pandemia de COVID-19 provocó este aumento imprevisto, dando lugar a que más personas trabajaran, aprendieran y se entretuvieran de forma remota y compraran productos en línea, según Dave Reinsel, vicepresidente sénior de *GlobalDataSphere* de la IDC. Este informe también indica que menos del 2% de estos nuevos datos se guardaron y conservaron entrando a 2021. La reflexión es que producir o recopilar grandes volúmenes de datos es inútil a menos que podamos usarlos.

Desde el inicio debemos tener procesos transparentes para comprender los datos, proteger los datos confidenciales y garantizar que los datos sean de buena calidad. Esta es la única manera de contar historias reales a partir de los datos recopilados. Podemos lograr todo esto a través de la práctica formal de la Gestión de Datos. Desafortunadamente, el aumento de datos contrasta con la lentitud con la que adoptamos las prácticas de Gestión de Datos.

En 2017, *The Economist* publicó un artículo titulado «El recurso más valioso del mundo ya no es el petróleo, sino los datos», que hizo que el eslogan «Los Datos son el nuevo Petróleo» nos resultara familiar a todos. Desde entonces, muchos artículos y discusiones han tratado de definir si los datos son realmente el nuevo petróleo y si vale la pena comparar a los datos con el petróleo, que no es renovable, mientras los datos siguen creciendo.

Muchos dicen que los datos son un activo empresarial estratégico, pero no siempre son tratados como tal en la práctica real. Las razones por las que no solemos tratar a los datos como activos estratégicos han sido muy claramente capturadas en *The Leader's Data Manifesto* (Manifesto,

---

[9] International Data Corporation https://www.idc.com/

[10] Worldwide Global DataSphere Forecast, 2021-2025 https://bit.ly/3sWyVlH

2016),[11] una lectura obligada para todos los líderes dentro de las organizaciones, incluyendo líderes de datos, para asimilar y discutir con sus equipos para entender la relevancia de los datos.

Dos palabras de moda han invadido los congresos y las redes profesionales especializadas en los últimos años, Transformación Digital (*Digital Transformation*) y Basado en Datos (*Data Driven*). Pero estos conceptos no son nuevos en absoluto. La Transformación Digital comenzó a finales de la década de 1990 cuando comenzó la automatización de procesos y se expandió el uso de Internet.[12] Podemos encontrar referencias a Basado en Datos (actividades o decisiones apoyadas en datos más que en intuición) en los últimos 15 años. Podemos ver el término aplicado al aprendizaje o a cualquier proceso específico cuando está impulsado por datos. Pero en los últimos años, la mayoría de las organizaciones se han propuesto convertirse en Basadas en Datos, lo que significa que intentan utilizar los datos para impulsar la toma de decisiones y otras actividades relacionadas de manera eficiente en tiempo real.[13]

En cuanto a la Transformación Digital, que la pandemia de COVID-19 aceleró, todavía no hay una comprensión completa de lo que significa. Podemos fijarnos en una definición primaria: «La Transformación Digital es la adopción de tecnología digital por parte de una empresa. Los objetivos comunes para su implementación son mejorar la eficiencia, el valor o la innovación» (Wikipedia, 2022). Una definición más útil proviene de TechTarget: «La Transformación Digital es la incorporación de tecnologías informáticas en los productos, procesos y estrategias de una organización. Las organizaciones emprenden la Transformación Digital para involucrar y servir mejor a su fuerza laboral y clientes y, por lo tanto, mejorar su capacidad para competir» (TechTarget, 2022). Sin embargo, la Transformación Digital es algo más que la adopción de nuevas tecnologías digitales para vender productos o servicios en línea. También implica ajustar el modelo de negocio, los procesos internos y la cultura organizacional. Además, detrás de esto, debemos gestionar una gran cantidad de datos de forma adecuada para tener una Transformación Digital exitosa. Por lo tanto, veo la Gestión de Datos como la base para que cualquier iniciativa de Transformación Digital tenga éxito.

Durante una clase de Gestión de Datos para Principiantes que facilité, un estudiante me dijo que veía la Gestión de Datos como la cimentación de un edificio. Esa analogía tenía sentido debido a mi perspectiva de la Arquitectura Empresarial y lo que se necesita para construir un edificio. La colocación de los cimientos es una de las fases más costosas del proceso de construcción. Sin embargo, la cimentación no se percibe cuando el edificio está terminado porque está cubierta. La gente suele admirar la fachada de un edificio, su diseño y funcionalidad, y lo inteligente que es. Vivo en la Ciudad de México, una zona sísmica azotada por fuertes terremotos. He sido testigo de cómo edificios nuevos y modernos se han derrumbado por no tener los cimientos adecuados.

---

[11] https://dataleaders.org/manifesto-translatio/espanol/

[12] Digital Transformation History https://bit.ly/3cww7q8

[13] What is Data Driven https://bit.ly/3cFtKB9

Pues lo mismo ocurre con la Gestión de Datos. Es cara y no es muy vistosa. Las disciplinas de Gestión de Datos no brillan, pero pueden marcar la diferencia entre una organización que crece saludable, y una que lucha por sobrevivir y finalmente desaparece.

La incertidumbre de la economía y los cambios inesperados en los comportamientos de los consumidores han sido motivaciones importantes para que las organizaciones incluyan en sus objetivos estratégicos convertirse en organizaciones Basadas en Datos. Los científicos de datos trabajan en modelos de información para proporcionar información sobre la organización y predecir los comportamientos de los clientes sobre los productos o servicios ofrecidos. Las funciones de Gestión de Datos parecen estar lejos de los trabajos elegantes y sexys que los jóvenes buscan en torno a la Ciencia de Datos. Quieren analizar datos utilizando algoritmos innovadores y herramientas de vanguardia como la Inteligencia Artificial, o IA, y el Aprendizaje Automatizado, o AA (*Machine Learning* o *ML*, por sus siglas en inglés). Sin embargo, esas herramientas y algoritmos no pueden hacer su trabajo a menos que tengan datos confiables. Ayudar a que los datos sean fiables es el trabajo de la Gestión de Datos. Los datos mal gestionados son riesgosos y costosos, incluso si esos costos están en gran medida ocultos. Mantener vivo un programa de Gestión de Datos puede ser costoso, pero no tenerlo puede llevar a la organización al colapso. Por lo tanto, la analítica, en relación con el consumo de datos, depende de la calidad de los datos suministrados.

Cada día, más organizaciones están dispuestas a dar un paso adelante en la analítica avanzada para obtener valor de la posesión de datos. A veces, sin embargo, no saben las preguntas que quieren responder. Una afirmación que se ha extendido por todo el mundo en los últimos años es que los científicos de datos dedican más del 80% de su tiempo a recopilar y limpiar datos en lugar de trabajar en el diseño y entrenamiento de modelos de información, aplicando la magia de sus algoritmos.[14] El hecho es que dedican mucho tiempo y esfuerzo a buscar, limpiar y comprender los datos debido a la falta de metadatos.

Hace unas semanas, mientras conversaba con mi sobrino que cursa la licenciatura en Ciencia de Datos, me sorprendió escuchar que tienen un curso de calidad de datos en su programa. Al principio, me sentí contenta, pero luego me di cuenta de que la Universidad estaba normalizando que los científicos de datos deben ocuparse de la limpieza de datos en lugar de crear programas para preparar a los profesionales en Gestión de Datos. La idea relevante aquí es que, para que los científicos de datos hagan su trabajo y cuenten historias reales, las organizaciones deben adoptar formalmente todas las disciplinas de Gestión de Datos para recopilar, producir, preservar, documentar, proteger y proporcionar datos que se ajusten al propósito de las diferentes partes interesadas de la organización. Es por eso por lo que la Gestión de Datos es la base para el éxito de las iniciativas de Transformación Digital y Basadas en Datos.

---

[14] I found an interesting article analyzing all the different studies on this matter, stating that data scientists don't spend as much as 80% of their time cleaning data. Perhaps there is a data quality problem related to measuring this concept? Do data scientists spend 80% of their time cleaning data? Turns out, no? https://bit.ly/3lJBF1H

La encuesta de BARC de noviembre de 2018 sobre Monetización de Datos mostró que el 40% de las 200 organizaciones encuestadas estaban ejecutando un proyecto de monetización de datos o ya habían comenzado a monetizar datos a través de la mejora de los procesos internos. Esto contrasta con solo el 6% de las organizaciones monetizando sus datos mediante la creación de nuevas líneas de negocio. Pero la parte más reveladora de este estudio fue que el 56% de los encuestados dijo que la falta de calidad de los datos era un desafío constante cuando se perseguía la monetización de datos. Y aquí está de nuevo el punto que vincula el consumo de datos con la práctica efectiva de la Gestión de Datos.

1.2.   ¿Cómo se Percibe la Estrategia de Datos por Parte de las Organizaciones?

La Estrategia de Datos está ganando su propio espacio en el mundo de los datos. Podemos encontrar varios artículos y libros relacionados con este concepto. Incluso los eventos internacionales de conferencias como EDW y DGIQ incluyen un grupo de conferencias dedicado a la Estrategia de Datos. La mayor parte de la literatura sobre Estrategia de Datos se enfoca en la explicación de **QUÉ** es, mientras que otras incluyen **POR QUÉ** es tan importante tener una. Aun así, muy poca tinta y muy pocos tecleos se han gastado para ayudar a explicar **CÓMO** producir una Estrategia de Datos que aborde las necesidades de negocio de manera priorizada.

Mientras me preparaba para mi participación en DGIQ 2021, busqué estadísticas sobre cómo las organizaciones estaban haciendo Estrategias de Datos. Si bien no encontré exactamente lo que buscaba, encontré un interesante estudio de BARC sobre el impacto de los silos de datos.[15] En respuesta a las preguntas sobre los desafíos culturales y organizacionales que influyen en la existencia de silos de información, el 42% de los encuestados dijo que la falta de comunicación era el desafío más crítico por resolver para reducir los silos de datos, y el 30% dijo que era la falta de Estrategia de Datos.

La mayoría de los estudios en Gestión de Datos incluyen solo organizaciones europeas, de Asia Pacífico o de América del Norte (Canadá y Estados Unidos). Pocos intentan entender cómo las organizaciones latinoamericanas adoptan la Gestión de Datos. Es por eso por lo que, cuando me pidieron participar con una universidad en México, la UPAEP (Universidad Popular Autónoma del Estado de Puebla), en el diseño e implementación de un estudio sobre el estado actual de la Gestión de Datos en América Latina, acepté felizmente. Propuse ampliar el alcance para investigar cómo se relacionaba la Gestión de Datos con la Estrategia de Datos. Los resultados de esta investigación se presentarán al final de este capítulo.

---

[15] BARC: Infografics – "DATA Black Holes" https://bit.ly/3sWK5qm

Incluso antes de obtener datos concretos sobre América Latina, construí una imagen de lo que estaba sucediendo con la Gestión de Datos y la Estrategia de Datos en la región.

El interés por la Gestión de Datos ha ido en aumento en los últimos años. La mayoría de las organizaciones prestan más atención a los datos porque trabajan en sectores regulados (finanzas, seguros, salud) o porque han tenido malas experiencias con datos de mala calidad. Están contratando personas para funciones específicas relacionadas a datos e invirtiendo grandes cantidades de dinero en tecnologías de vanguardia y servicios profesionales. Están implementando lagos de datos y plataformas MDM (*Master Data Management* o Gestión de Datos Maestros), y adoptando IA (Inteligencia Artificial) para hacer que los datos «hablen» y cuenten historias.

Como consultora, hablo extensamente con personas que lideran programas de Gobierno de Datos. Cuando menciono la importancia de la Estrategia de Datos, escucho dos respuestas comunes: «Oh, ya tenemos una Estrategia de Datos» o «Estoy trabajando en ello; por eso me contrataron». Profundizando, suelo encontrar que las organizaciones no tienen una Estrategia de Datos, al menos no una holística y efectiva. Una Estrategia de Datos es holística cuando cubre las necesidades de toda la organización y tiene en cuenta los requerimientos de cada unidad organizacional. Una estrategia eficaz requiere involucrar a los representantes de la organización en su definición. Si no están involucrados, la estrategia puede tener características que la hagan menos efectiva. Profesionales en Gestión de Datos han compartido conmigo características comunes de las estrategias ineficaces. Por ejemplo:

- **Orientación Técnica:** Organizaciones con documentos sobre Estrategia de Datos, incluyendo diagramas arquitectónicos, que están orientados a tecnología y enfocados en la migración a plataformas relacionadas a datos.

- **Falta de Alineación con las Metas del Negocio:** Organizaciones con estrategias documentadas para adquirir, ingerir y consumir altos volúmenes de datos (*Big Data*) pero sin estar alineadas con las necesidades y prioridades base del negocio.

- **Falta de Atención a los Datos Fuente:** Organizaciones en las cuales el interés en datos está centrado en adoptar plataformas de Analítica Avanzada para producir modelos de información predictivos sin una definición clara de dominios, fuentes y prioridades de datos.

- **Sin Plan para Mejorías:** Líderes en Gobierno de Datos reportan que ellos no requieren más evaluaciones, ya que ya han pasado por varias, pero siguen sin utilizar un modelo de madurez de Gestión de Datos para guiar sus acciones relacionadas a datos.

- **El Diseño Técnico no Tiene en Consideración las Metas del Negocio:** Organizaciones que apuntan a estar centradas en Almacenes de Datos no entienden por qué su repositorio de datos no es ampliamente utilizado cuando se revela que su diseño no cumple con los objetivos estratégicos del negocio.

- **Falta de Conocimiento sobre Estrategia de Negocios**: Ni siquiera la Estrategia de Negocio es conocida.

  o No existe una Estrategia de Datos escrita, pero un Proyecto MDM para Clientes está en marcha porque otras organizaciones en el sector lo están haciendo. Sin embargo, no existe el dolor de tener clientes duplicados.

  o Organizaciones con alta eficiencia en Gestión de Metadatos, pero los líderes en datos no saben qué hacer después.

  o Organizaciones viviendo el tercer o cuarto intento de implementar un Gobierno de Datos, después de experiencias fallidas, y censurando términos específicos: «*Por favor, no mencione la custodia de datos*».

- **Existe una Estrategia de Datos, pero no es Utilizada**: Organizaciones en las cuales, si existe una Estrategia de Datos, no es utilizada para guiar y priorizar las acciones relacionadas a datos o para gestionar las expectativas referentes a Gestión de Datos a través de la organización.

¿Le suena familiar algo de esto? Mire dentro de su organización en este momento. ¿Cuenta con una Estrategia de Datos? ¿Es accesible para todos los miembros de la organización que pudieran estar interesados? ¿Es fácil de leer y entender? ¿Se utiliza para guiar la acción y gestionar las expectativas sobre la Gestión de Datos? ¿Es un documento activo que se actualiza cuando es necesario? ¿Lo definen los *stakeholders* (personas interesadas) clave de toda la organización? ¿Se considera parte de la planificación estratégica de negocio anual de la empresa? Si su respuesta fue positiva a todas estas preguntas, ¡enhorabuena! Su organización es uno de esos casos raros, y es posible que desee dejar de leer aquí. Sin embargo, si respondió «No» a al menos una pregunta, es posible que valga la pena continuar leyendo. Y no estarás solo. Una encuesta ejecutiva de 2021 realizada por *New Vantage Partners*, en la que las industrias altamente enfocadas en datos estaban muy representadas, mostró que sólo el 30% de las organizaciones de primera categoría expresaron que tenían una Estrategia de Datos articulada.[16]

Basé la investigación que propuse a la UPAEP en el siguiente planteamiento de problemática e hipótesis:

A pesar de la existencia de diversos marcos de referencia de Gestión de Datos y de la creciente conciencia en las empresas de que deben adoptar una práctica formal para la gestión y cuidado de sus datos, generalmente expresada como una práctica de Gobierno de Datos, parece que no se ha alcanzado un nivel de madurez tal que realmente se pueda obtener el valor esperado del llamado 'activo estratégico'. Las referencias a estudios exploratorios en este ámbito suelen centrarse en los mercados europeos y anglosajones, dejando de lado la realidad en América Latina. Cada vez es más común escuchar a las empresas expresar su frustración por las prácticas

---

[16] 10 Reasons Why Your Organization Still Isn't Data Driven https://bit.ly/3wScRcT

ineficaces de Gobierno de Datos cuando invierten en plataformas tecnológicas propuestas como la panacea para la gestión y explotación de datos. Sin embargo, no obtienen el beneficio esperado.

Hipótesis: La falta de una Estrategia de Datos integral es un obstáculo para lograr resultados efectivos en la implementación de la Gestión de Datos.

El estudio se tituló *«Situación de la Gestión de Datos y su Vinculación con la Estrategia de Datos en América Latina»*. La investigación se llevó a cabo de manera colaborativa entre la UPAEP y SEGDA, una empresa de consultoría enfocada en Modelos Operativos de Estrategia de Datos y Gestión de Datos.[17]

Ejecutado por primera vez en 2022, el estudio para rastrear cómo se percibe la madurez de la Gestión de Datos en América Latina se repetirá anualmente. Por supuesto, este primer estudio sobre Estrategia de Datos y Gestión de Datos en América Latina interesará a los países de esta región. Aquellos en otras partes del mundo, particularmente organizaciones con unidades de negocio en varios países, y lo que es más importante, aquellos con negocios actuales o esperados en esta región, también se beneficiarán de los hallazgos que pueden guiar sus Estrategias de Datos. A continuación, se muestra el resumen ejecutivo de los hallazgos:

- El primer año tuvo un buen nivel de penetración con 126 respuestas, predominantemente de México (40%), Colombia (14%), Argentina (8%), Chile (8%), Perú (8%) y Ecuador (7%). El 15% restante provino de otros 7 países.

- Los sectores más presentes en las respuestas fueron el Financiero, (25%), de Gobierno (17%) y de Tecnologías de la Información (12%), seguidos por Educación, Consultoría, Seguros, Telecomunicaciones, Consumo, Energía y Agroindustrial.

- Los encuestados eran directores de áreas enfocadas a datos (31%), seguidos de Directores de TI (13%) y otras áreas del Negocio (11%) Sólo el 10% de los encuestados tenía un puesto de Nivel -C (CEO, CIO, CFO, COO, etc.) dentro de su organización.

---

[17] Situación de la Gestión de Datos y su vinculación con la Estrategia de Datos en América Latina https://bit.ly/3oM7Fnt

Tabla 1 Resultados de la Investigación sobre Gestión de Datos y Estrategia de Datos en América Latina

Resultados de Investigación en América Latina		
Estrategia de Datos	¿En qué medida se desarrolla y utiliza la Estrategia de Datos en las organizaciones?	El grupo más grande de encuestados (46%) informó que su Estrategia de Datos está en desarrollo. Este número habla de un interés significativo en este tema, así como de la conciencia sobre su relevancia. De estos, el 12% indica que se contempla su alineación con el negocio, pero sólo el 9% dice que la Estrategia de Datos se utiliza para priorizar las actividades de Gestión de Datos, y el 8% informa que la Estrategia de Datos se utiliza para priorizar el desarrollo del Gobierno de Datos. El 32% de los encuestados indicó que su organización tenía una Estrategia de Datos aprobada.
Marcos de Referencia	¿Qué tan bien se conocen los recursos existentes?	Los resultados muestran claramente que el marco de referencia de DAMA es el más conocido en la región (55%), seguido por DCAM con un 22% y DMM con un 11%. Es interesante notar que el 13% reportó no estar familiarizado con ningún marco de Gestión de Datos, lo que demuestra que aún queda mucho por evangelizar.
Obstáculos para un Gobierno de Datos eficaz	¿Cuál es el principal obstáculo a la hora de implementar el Gobierno del Datos?	Muchos de los encuestados reconocieron la necesidad de que la Gobierno de Datos ayude a resolver problemas relacionados con los datos. Existe la creencia generalizada de que es difícil convencer a la alta dirección para que invierta en esfuerzos de Gobierno de Datos. Sin embargo, solo el 12% de los encuestados se refiere a una Alta Dirección no convencida como un obstáculo para implementar el Gobierno de Datos; el 31% afirma que el principal obstáculo es la falta de comprensión del Gobierno de Datos, y el 20% indica que el principal obstáculo es la falta de una Estrategia de Datos clara e integral.
Madurez de la Gestión de Datos	¿Qué nivel de madurez se percibe?	La mayoría de las organizaciones comienzan a crear sus Disciplinas de Gestión De datos de una en una. A menudo están motivadas por las presiones regulatorias y la necesidad de poder intercambiar información. Esta es la razón por la que la Seguridad, el Almacenamiento y la Arquitectura de Datos suelen estar más maduras que las otras disciplinas. Sin embargo, existe una conciencia de la necesidad de articular todas las disciplinas, confirmada por el nivel de madurez percibida del Gobierno del Datos, que es el cuarto más alto. Lo sorprendente es que la Calidad de los Datos se encuentra en el octavo lugar de prioridad y los Metadatos en el noveno lugar, ya que ambos son necesarios para una mejor y más ágil comprensión de los datos
Cultura de Datos	¿Qué tan extendida está la comprensión de la Gestión de Datos?	El 44% de los encuestados reconoce importantes esfuerzos para difundir la importancia de los datos y su adecuada gestión en sus organizaciones. Sin embargo, sólo el 8% indica que tiene un lenguaje común para describir la Gestión de Datos y su relevancia. Esto último refuerza que el 31% afirma que el principal obstáculo para implementar con éxito el Gobierno del Dato es el desconocimiento sobre el Gobierno del Dato. Esto nos dice que aún existe una necesidad en la Región de América Latina de fortalecer los programas educativos en Gestión de Datos.

Resultados de Investigación en América Latina		
Analítica de Datos	¿Qué tan ligada está a la Gestión de Datos?	El 32% de los encuestados dijo que reconocía una práctica establecida de Analítica en sus organizaciones. Sin embargo, solo el 10% indicó que la práctica estaba completamente implementada y operando para toda la organización (un indicador de una organización orientada a los datos). El 50% de esta última población dijo tener evidencias de la contribución de los modelos de información al cumplimiento de los objetivos estratégicos. En particular, el 31% de los encuestados informó de un vínculo entre la Gestión de Datos y la Analítica de Datos en sus organizaciones. En el 8% de los casos, ambas prácticas son lideradas por la misma persona.

Los encuestados fueron muy generosos al responder a dos preguntas abiertas sobre el impacto percibido de la Estrategia de Datos y los beneficios de una Estrategia de Datos en los casos en que la práctica de Gestión de Datos se implementó parcial o totalmente.

El balance indica una fuerte conciencia de los beneficios de contar con una Estrategia de Datos frente a los múltiples impactos negativos de no tenerla. Por ejemplo, los altos costos asociados a esfuerzos aislados o duplicados y la inversión en plataformas tecnológicas subutilizadas.

Los resultados para América Latina son muy similares a los reportados por *New Vantage Partners* en su encuesta ejecutiva de 2021, al menos sobre la existencia de una Estrategia de Datos (32% en América Latina vs. 30% en el estudio de *New Vantage Partners*). Cuando se les preguntó sobre el principal obstáculo para implementar un Gobierno de Datos efectivo, el 30% dijo que era la falta de comprensión tanto del Gobierno de Datos como de la Estrategia de Datos (lo que significa que se requiere más capacitación). La falta de una Estrategia de Datos fue el principal obstáculo reportado por el 20% de los encuestados. Estos resultados implican que las personas que trabajan en Gestión de Datos y Gobierno de Datos se beneficiarán del aprendizaje para formular y utilizar Estrategias de Datos.

1.3.   Un Buen Punto de Partida: ¿Qué es una Estrategia?

Comencemos con una definición: ¿Qué es una estrategia? Yo diría que es lo que necesitas para ganar un juego. Uno de mis mejores recuerdos de infancia es jugar al tres en raya o gato con mi padre. Me gustaba mucho, pero era muy frustrante para mí no poder ganar. Entonces mi padre me enseñó una estrategia que marcó la diferencia. Ahora me doy cuenta de que cualquiera puede jugar un juego con sólo conocer las reglas, pero ganar requiere estrategia, práctica y disciplina.

Mi primer proyecto como consultora fue en una empresa de entretenimiento grande y bien establecida. Habían trabajado con diferentes consultoras para definir una Estrategia de Datos sólida, pero no estaban satisfechos con el resultado. Así que mi primera tarea fue ayudarles a definir su Estrategia de Datos. En ese momento, podía identificar si algo que veía era una Estrategia de Datos o no, pero no sabía cómo debería ser una Estrategia de Datos efectiva, así que comencé a investigar. Encontré algunos libros y artículos con títulos interesantes que me decían qué es una Estrategia de Datos y por qué es importante tenerla, pero necesitaba algo que me ayudara a producirla.

Aunque el término *estrategia* tiene un origen militar, su aplicación se ha expandido con el tiempo. A mediados de la década de 1960, Igor Ansoff lo aplicó por primera vez a los negocios.[18] El Diccionario de Cambridge dice que la *estrategia* es «un plan detallado para lograr el éxito en situaciones como la guerra, la política, los negocios, la industria o el deporte, o la habilidad de planificar para tales situaciones». Según DAMA, la *estrategia* es «un conjunto de decisiones que establecen una dirección y definen un enfoque para resolver un problema o lograr un objetivo» (DAMA International, 2010).

Sin embargo, no pretendo presentar definiciones que pueda encontrar usted mismo. En cambio, me centraré en aquellas que me llamaron la atención y que establecieron el contexto para la Parte 2 de este libro, el Ciclo de Estrategia de Datos, como el componente del **Método PAC de Estrategia de Datos** dedicado a la implementación.

La primera definición que me llamó la atención fue la de Rich Horwath: «La Estrategia no es Aspiración. La Estrategia no es la Mejor Práctica. La Estrategia es la asignación inteligente de recursos a través de un sistema único de actividades para lograr una meta.»[19] Esta definición se aplica al mundo de los datos. He visto Estrategias de Datos que describen el estado final deseado o las mejores prácticas y estándares de la industria que deben adoptarse. Sin embargo, si éstas no priorizan qué hacer o no tienen en cuenta a las personas asignadas para llegar al estado deseado, no son realmente estrategias.

Peter Aiken y Todd Harbour proponen una excelente definición: «La Estrategia es la **guía de más alto nivel** disponible para una organización, que centra las actividades en el **logro articulado de metas** y proporciona dirección y orientación específica cuando se enfrenta a un flujo de decisiones o incertidumbres». Este concepto se traduce naturalmente en una definición de **Estrategia de Datos**: la **Estrategia de Datos** es la guía de más alto nivel disponible para una organización, que centra las actividades relacionadas con datos en el logro articulado de metas relacionadas a datos y proporciona dirección y orientación específica cuando se enfrenta a un flujo de decisiones o incertidumbres (Aiken & Harbour, 2017).

Donna Burbank, una reconocida estratega de datos establece: «Una Estrategia de Datos requiere un **entendimiento de las necesidades de datos inherentes en la Estrategia de** Negocio» (DATAVERSITY, 2021).[20] Esta idea revela por dónde debemos empezar a la hora de definir una Estrategia de Datos: primero hay que conocer la estrategia de negocio. Aunque esto pueda sonar

---

[18] Igor Ansoff Russian-American mathematician coined the term "strategy" for business. https://bit.ly/3yXtlDe

[19] Strategic Thinking Institute https://www.strategyskills.com/what-is-strategy/

[20] https://www.linkedin.com/in/donnaburbank/ Global Data Strategy https://globaldatastrategy.com/

obvio, la estrategia de negocio no está publicada o no es ampliamente conocida en muchas organizaciones. Sin embargo, esto no significa que no exista. Toda organización tiene una estrategia, por muy básica que sea. Sin embargo, a veces, existe solo dentro de la mente de una persona o de un número limitado de personas. Comprender las necesidades de negocio en datos es esencial para definir una Estrategia de Datos. Expresar esas necesidades no es fácil, como tampoco lo es crear consenso sobre los requerimientos y cómo priorizarlos.

Ian Wallis analiza la diferencia entre un Estrategia de Datos defensiva y una ofensiva. Por ejemplo, muchas organizaciones comienzan con una visión defensiva para cumplir con los requerimientos de cumplimiento. A medida que maduran sus prácticas de Gestión de Datos, algunos pueden pasar a una posición ofensiva, haciendo que la Gestión de Datos forme parte de la normalidad en la empresa. Este cambio los posiciona para obtener valor de sus datos (Wallis, 2021).

En una entrevista en mayo de 2022, Bill Inmon, el gurú en Gestión de Datos compartió su visión de la relación entre estrategia y Arquitectura de Datos (puede ver la entrevista completa al final de este capítulo):

«Suponga que se encuentra en un barco. Se encuentra a la mitad del Pacífico. La estrategia le indica que usted necesita dirigir el barco significativamente. De otra manera, nunca llegará a su destino.

La Arquitectura de Datos es como una brújula o un mapa. Con Arquitectura de Datos usted sabrá hacia dónde se dirige.

Usted necesita tanto la estrategia – pilotear la nave – como el mapa y la brújula para indicarle el camino correcto. Sin el mapa, usted no sabrá hacia dónde ir.»

Cuando hablamos de Estrategias de Datos, primero debemos pensar horizontalmente y tener en cuenta las unidades de la organización (todas las líneas de negocio, servicios compartidos como finanzas, legal, cumplimiento, recursos humanos, TI, etc.). Esta vista horizontal ayuda a identificar y priorizar las preguntas de negocio, los puntos de dolor relacionados con los datos, y las motivaciones. Entonces podemos pensar verticalmente a la hora de seleccionar una unidad de negocio con la que trabajar; necesitamos identificar los procesos de negocio, los dominios de datos, las fuentes de datos y las iniciativas estratégicas relacionadas. Estas diferentes vistas proporcionan un mapa de la organización y sus necesidades. Una Estrategia de Datos ofrece una forma tangible de gestionar las expectativas relacionadas con la Gestión de Datos y el Gobierno de Datos (porque muchas personas no entienden estos conceptos). Las Estrategias de Datos ayudan a describir qué hacer primero, con qué unidades organizacionales, y con qué datos, procesos o reportes.

Diferentes organizaciones definirán Estrategias de Datos con diferentes alcances. Algunas se centran en la adopción de nuevas tecnologías, otras en la adquisición de datos. Algunas representan a toda la empresa, mientras que otras se centran en un área específica de la organización. Propongo comenzar con una ***Estrategia Holística de Datos*** definida por representantes de toda la organización. Este grupo debe comprender los problemas relacionados con el negocio y con los datos en cada parte de la organización.

Una Estrategia de Datos holística presenta una visión horizontal de la organización y sus datos. Con este punto de vista establecido, pase a las verticales. Elija un objetivo estratégico de negocio y profundice en las diferentes funciones de Gestión de Datos que respaldan el objetivo (Estrategia de Gobierno de Datos, Estrategia de Calidad de Datos, Estrategia de Arquitectura de Datos, Estrategia de TI, etc.). Esto produce un conjunto de Estrategias de Datos, cada una con un enfoque y alcance específicos, pero todas relacionadas a través de su conexión con la estrategia de negocio general y sus objetivos comunes. Describimos este enfoque en el Capítulo 3.

Con todo lo anterior en mente, formulé la siguiente definición, la cual usaremos a lo largo del libro:

Las Estrategias de Datos son la guía de más alto nivel en una organización para la asignación inteligente de recursos hacia un trabajo integrado para alcanzar metas relacionadas a datos y contribuir a alcanzar objetivos estratégicos de negocio.

1.4.   ¿Qué Debemos Esperar Encontrar en una Estrategia de Datos?

Cuando trabajé por primera vez con Estrategia de Datos, investigué qué debería incluir una Estrategia de Datos. No hubo un acuerdo estándar. En algunas publicaciones se establecía que las Estrategias de Datos constaban de cinco o más componentes principales, con estos componentes relacionados con la forma de adquirir, integrar, proteger, almacenar, procesar y analizar los datos. Otros incluyeron el lado de la historia relacionado con herramientas, y la propiedad de los datos y las herramientas. Algunos marcos de referencia de Estrategia de Datos provenían de plataformas relacionadas con datos o herramientas de *software*, lo que hacía que las Estrategias de Datos estuvieran muy orientadas a la tecnología. Por eso no es de extrañar encontrar este tipo de estrategias en muchas organizaciones. Trabajos recientes han ayudado a clarificar el enfoque. Peter Aiken y Todd Harbour analizan cinco componentes críticos de la Estrategia de Datos: visión de datos, metas de datos, objetivos de datos, estrategias de apoyo e iniciativas críticas (Aiken & Harbour, 2017). Ian Wallis afirma que la Estrategia de Datos debe cubrir la Gestión de Datos, incluyendo la explotación de datos estructurados y no estructurados (Wallis, 2021). Wallis también considera la gestión de reportes, analítica y conocimiento como parte de la estrategia de datos. Michelle Knight describe los componentes de una Estrategia de Datos correctamente desarrollada (Knight, 2021):

- Una visión robusta de Gestión de Datos
- Un sólido caso/justificación de negocios
- Principios rectores

- Objetivos de datos bien definidos
- Métricas y mediciones de progreso y éxito
- Objetivos a corto y largo plazo
- Roles y responsabilidades adecuadamente diseñados y entendidos

Esto es muy similar a lo que el **Método PAC de Estrategia de Datos** considera al construir las Estrategias de Datos. Una Estrategia de Datos debe presentar al más alto nivel de la organización los elementos que permiten a todos los niveles de la organización comprender qué datos se necesitan para respaldar los objetivos de negocio, en qué orden y quién debe tomar medidas. El **Método PAC de Estrategia de Datos** agrupa el contenido principal de las Estrategias de Datos en los siguientes seis componentes:

1. Alineación con la Estrategia de Negocios
2. Datos Requeridos
3. La Razón de Tener un Programa de Gestión de Datos
4. Principios de Datos
5. Priorización
   - Capacidades de Gobierno de Datos
   - Funciones de Gestión de Datos
   - Estructura de Organización
   - Áreas de Enfoque
   - Indicadores Clave de Rendimiento (KPI, por sus siglas en inglés)
6. Aliados

1. **Alineación con la Estrategia de Negocios**: ¿Cómo apoyarán los datos a los objetivos estratégicos y a las motivaciones de la Gestión de Datos (por ejemplo, tener información precisa sobre los conocimientos empresariales y el comportamiento de los clientes)? Una buena Estrategia de Datos debe contar la historia de qué acciones tomar y en qué orden para contribuir al cumplimiento de los objetivos estratégicos del negocio. Por lo general, es difícil para las personas en diferentes partes de la organización entender por qué debe existir un equipo de Gobierno de Datos o por qué se requiere un líder de Gestión de Metadatos, por lo que es importante tener una forma de mostrar, por ejemplo, cómo la Gestión de Metadatos apoyará la mejora de la calidad de los datos y, por lo tanto, la experiencia de los clientes.

2. **Datos Requeridos**: Una Estrategia de Datos debe identificar qué datos se necesitan para respaldar los objetivos de negocio y si estos datos existen dentro de la organización. Por ejemplo, los datos necesarios para responder a las preguntas de negocio que los ejecutivos podrían hacer en un día de trabajo típico. Algunos ejemplos son la ubicación de las tiendas con la rentabilidad más baja, los productos bancarios que utilizan los clientes con mayor rentabilidad, las experiencias que los clientes han compartido en las redes sociales, la demanda del centro de atención telefónica y los tiempos de espera, etc. Al más alto nivel, una Estrategia de Datos identificará y priorizará los dominios de datos o las entidades de datos para el gobierno y la gestión. La identificación de conjuntos de

datos y elementos de datos específicos vendrá más adelante cuando se trabaje en la estrategia de disciplinas de Gestión de Datos, como en el caso de la Calidad de los Datos.

3. **La Razón**: ¿Por qué se necesitan datos? ¿Cómo contribuyen los datos a los objetivos estratégicos del negocio y a los puntos de dolor relacionados con datos? Para comenzar a ejecutar un Programa de Gestión de Datos o para convertirse en una organización Basada en Datos, debemos identificar las motivaciones fundamentales y los beneficios de un mejor manejo de datos. También es necesario describir los comportamientos deseables relacionados con datos que deben ampliarse a toda la organización (por ejemplo, personas que informan problemas de calidad de los datos, personas que consideran el impacto ético del uso de campos de datos confidenciales, disposición a compartir datos, etc.) y comportamientos indeseables relacionados con datos (por ejemplo, no documentar las fuentes utilizadas para los reportes, no documentar los Metadatos, no utilizar fuentes de datos aprobadas, etc.). junto con todos los problemas o puntos de dolor con respecto a datos.

4. **Principios de Datos**: La definición de los principios a seguir por la organización es un elemento central de la Estrategia de Datos. Como explica Håkan Edvinsson, la falta de definición de principios a menudo conduce a una dependencia excesiva en las reglas, lo que puede hacer que los programas de Gobierno de Datos fracasen. En su enfoque no coercitivo del Gobierno de Datos (Edvinsson H. , 2020), Håkan Edvinsson aboga por gobernar con base en principios en vez de imponer reglas.

5. **Priorización**: Dado que una *estrategia* es «una asignación inteligente de recursos», una buena Estrategia de Datos debe priorizar las capacidades de Gobierno de Datos y las funciones de Gestión de Datos. Los componentes de alta prioridad se adoptarán oficialmente y se regirán institucionalmente. No entender qué se debe gobernar primero puede causar conflictos, por lo que priorizar las acciones relacionadas con datos es fundamental para el éxito de la Estrategia de Datos. Los principales aspectos que se deben priorizar son los siguientes:

    a) **Capacidades de Gobierno de Datos**: El Gobierno de Datos es la función principal de la Gestión de Datos. Debe orquestar a las otras disciplinas (por ejemplo, Arquitectura de Datos, Integración de Datos, Calidad de Datos, etc.) y habilitar capacidades organizacionales (por ejemplo, establecer políticas, administrar un glosario, gestionar roles, comunicar el progreso, producir tableros de KPI, etc.). La mejor manera de comprender las capacidades requeridas es seguir las recomendadas por un Modelo de Madurez de Gestión de Datos formal (consulte el Capítulo 2). Estas capacidades conectan el alcance de diferentes Estrategias de Datos (Estrategia de Gestión de Datos, Estrategia de Gobierno de Datos, Estrategia de Calidad de Datos, etc.), como veremos en los Capítulos 3 y 5.

b) **Funciones de Gestión de Datos**: La Gestión de Datos es la base de cualquier iniciativa relacionada con datos. La mayoría de las organizaciones tienen algunas prácticas de Gestión de Datos; si no tienen, no pueden operar. Pero estas prácticas a menudo no se gobiernan formalmente o sus prácticas de gobierno no se articulan oficialmente. Por lo tanto, un componente esencial de una Estrategia de Datos es la articulación formal de las funciones de Gestión de Datos requeridas y la prioridad para abordarlas.

c) **Estructura de Organización**: Uno de los principales objetivos de la Estrategia de Datos es priorizar la asignación de recursos. Un punto crítico en este asunto es determinar qué roles y órganos de gobierno se requieren para iniciar el proceso. Una organización que lanza un programa de Gestión de Datos puede empezar poco a poco, con un equipo central de Gobierno de Datos compuesto por un líder, un editor de políticas, un líder de Gestión de Metadatos y un analista de Calidad de Datos. Inicialmente, el uso de un órgano de gobierno existente para revisar y discutir asuntos relacionados con datos funciona mejor que la creación de numerosos consejos. Luego, a medida que se desarrolla la madurez, se puede lanzar un Consejo de Gobierno de Datos formal como órgano permanente. Podemos adoptar un enfoque similar para la custodia de datos. Comience con un grupo limitado de custodios de datos a tiempo parcial el primer año; incrementando gradualmente custodios de datos a tiempo parcial en diferentes unidades del negocio. Eventualmente, cambie a un grupo de custodios de datos o coordinadores de custodia a tiempo completo, según sea necesario.

d) **Áreas de Enfoque**: La adopción de prácticas de Gestión de Datos no es sólo una cuestión de establecer y desarrollar capacidades. La Estrategia de Datos debe aclarar la prioridad de gobernar las diferentes unidades organizacionales o líneas de negocio. También debe especificar qué se gobernará (qué entidades o dominios de datos, reportes, procesos, etc.). Idealmente, estas áreas de enfoque se conectan con iniciativas estratégicas que explotan los datos y contribuyen a los objetivos comerciales.

e) **KPIs**: Por último, necesitamos saber qué tan bien lo estamos haciendo y qué tan efectivamente funcionan las cosas. Para cada etapa de la Estrategia de Datos y cada componente priorizado, debemos informar el progreso, a través de métricas y KPI, para las funciones de Gestión de Datos priorizadas. El alcance y la complejidad de los KPI cambian con el tiempo, por lo que también se deben priorizar las decisiones sobre qué medir.

6. **Aliados**: Al describir la estrategia para Gobierno de Datos o cualquier otra Función de Gestión de Datos es importante tener en cuenta cómo otros equipos o unidades organizacionales pueden aliarse con el equipo que ejecuta la estrategia. Involucrar a los

participantes clave en la definición y ejecución de las Estrategias de Datos es esencial. Su relevancia debe describirse explícitamente en cada Estrategia de Datos.

1.5.   Conceptos Clave

Las Estrategias de Datos son la guía de más alto nivel en una organización para la asignación inteligente de recursos hacia un trabajo integrado para alcanzar metas relacionadas a datos y contribuir a alcanzar objetivos estratégicos de negocio.

1.6.   Para Tener en Cuenta

1. Para que una organización tenga una Transformación Digital o una Transformación Basada en Datos exitosa es necesario que exista una práctica de Gestión de Datos formal y articulada.

2. Todos podemos intentar jugar cualquier juego si tenemos las reglas explicadas, pero sólo podemos tener éxito con una buena estrategia y un entrenamiento continuo. Lo mismo ocurre con el juego de la Gestión de Datos: necesitamos una buena estrategia y formación continua para tener éxito como una organización Basada en Datos.

3. El Gobierno de Datos es una función central de la Gestión de Datos encargada de articular otras funciones de Gestión de Datos. La existencia de una Estrategia de Datos conduce a una práctica de Gobierno de Datos eficaz y exitosa.

1.7.   Entrevista sobre Estrategia de Datos

EXPERTO ENTREVISTADO: **Bill Inmon**[21]
Bill Inmon, considerado el padre del Almacenamiento de Datos (*Data Warehousing*), es un gran arquitecto de datos, autor de *bestsellers* con más de 30 títulos publicados, y fundador, presidente y Director General de Forest Rim Technology, que ha construido el primer *software* ETL de análisis textual (Textual ETL *software*) del mundo.

Con su vasta experiencia como consultor en Inteligencia de Datos y, más recientemente, en el mundo del análisis de textos, ¿con qué frecuencia encuentra una Estrategia de Datos

---

[21] https://www.linkedin.com/in/billinmon/ https://en.wikipedia.org/wiki/Bill_Inmon

horizontal bien definida que guíe el trabajo relacionado con datos y que responda a la estrategia de negocio en las organizaciones de sus clientes?

«Desafortunadamente, no muy a menudo. La mayoría de las organizaciones están dirigidas técnicamente por compañías vendedoras de *software* y/o *hardware*. En algunos casos, estas compañías dan buenos consejos y buenas orientaciones. Pero en la mayoría de los casos, el consejo dado por el vendedor es simplemente un truco para concretar ventas. Cuando un proveedor da consejos, siempre debe preguntarse: ¿para qué sirve el consejo? En casi todos los casos, el vendedor simplemente está tratando de vender más de lo que sea que esté vendiendo.»

¿Cuál considera que es el rol de la Estrategia de Datos en el éxito o fracaso de una iniciativa de Transformación Basada en Datos?

«Para una organización, la Estrategia de Datos es como el mariscal de campo para el equipo de fútbol americano. El equipo no va a llegar lejos sin un buen mariscal de campo en el control. Hay muchos aspectos y muchas cuestiones para implementar con éxito una arquitectura de datos. La persona encargada de la Estrategia de Datos debe ser polifacética y capaz de manejar una diversidad de problemas. Cuando la Estrategia de Datos se combina con una arquitectura de datos bien definida, la organización sabe en qué dirección debe proceder.

La Estrategia de Datos y una arquitectura de datos bien definida son como un barco en el océano. Cuando un barco no sabe cuál es su destino, cualquier ajuste del timón servirá. Pero cuando hay una estrategia y una arquitectura de datos, incluso en medio del Pacífico, la organización sabe cómo poner el timón.»

Desde su perspectiva, ¿quién considera que debe liderar la creación y el mantenimiento de una Estrategia de Datos, y qué *stakeholders* deben participar en el proceso?

«En el corazón de todo está el valor para el negocio. Si no hay valor para el negocio, todo lo demás se derrumba. Por lo tanto, la persona número uno a incluir en el proyecto de estrategia es el usuario final definitivo. En muchos casos, el estratega de datos tiene dificultades para establecer la conexión entre la Estrategia de Datos y la mejora del valor para el negocio. Esta es una buena indicación de que hay un problema. En todos los casos, debe haber una fuerte conexión entre la Estrategia de Datos y la mejora del valor para el negocio.»

¿Cómo recomendaría a un nuevo líder de Gobierno de Datos crear conciencia y obtener la aceptación de la Alta Dirección sobre la relevancia de construir una Estrategia de Datos integral y horizontal como base para un programa de Gestión de Datos exitoso?

«El factor más motivador en la corporación es el dolor. Hay muchos dolores. Está el dolor de los fracasos pasados. Pero, sobre todo, está el dolor del fracaso en el mercado: de encontrar nuevos clientes, de mantener a los clientes existentes, de aumentar los ingresos, etc. Por lo tanto, la mejor estrategia para poner en marcha un proyecto es encontrar el dolor y abordar las formas en que se puede aliviar el dolor.»

2. Modelo de Madurez de Gestión de Datos: Clave para Estrategias de Datos

«Madurez ... es dejar que las cosas sucedan»

Carolyn Heilbrun

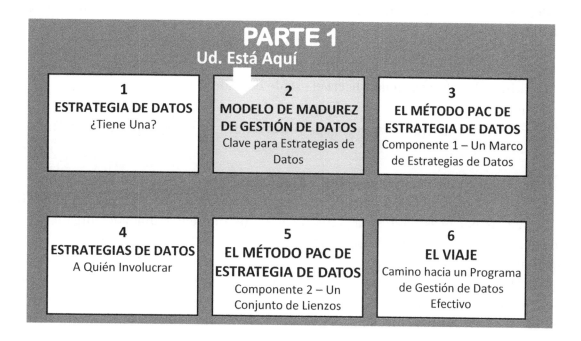

2.1. Beneficios de un Modelo de Madurez de Gestión de Datos

Antes de explicar por qué los Modelos de Madurez de Gestión de Datos son importantes para la Estrategia de Datos, primero debemos entender qué es un Modelo de Madurez. Los modelos de madurez han existido desde mediados de la década de 1970 para medir la capacidad y la eficacia de las personas para realizar procesos para disciplinas específicas. Se definieron por primera vez para resolver problemas de desarrollo de *software* que aumentaron con el incremento del uso de computadoras. El primer modelo de madurez por etapas fue desarrollado por Richard L. Nolan, quien en 1973 publicó el Modelo de Etapas de Crecimiento. Watts Humphrey comenzó la definición de los conceptos de su modelo de madurez de procesos en 1986 y lo publicó en 1988.[22] Desde la perspectiva de la Gestión de Procesos de Negocio, los modelos de madurez se basan en la suposición de patrones predecibles de evolución organizacional a través de la evolución etapa por etapa de las capacidades, siguiendo un camino lógico.[23] El concepto de etapas a través de las cuales evoluciona una disciplina específica, y la idea de que cada etapa incluye características cualitativas y cuantitativas específicas, se ha aplicado a la Gestión de Datos. Se han desarrollado varios modelos para describir lo que significa para una organización mejorar sus capacidades de Gestión de Datos y cómo medir su progreso en la construcción de estas capacidades.

Los Modelos de Madurez de Gestión de Datos no sólo nos ayudan a evaluar dónde se encuentra una organización en un momento determinado en cualquiera de sus disciplinas de Gestión de Datos (por ejemplo, Gobierno de Datos, Calidad de Datos, Arquitectura de Datos, etc.), sino que también pueden y deben utilizarse como guía para definir las hojas de ruta que nos llevarán al estado deseado en la forma en que tratamos los datos en una organización. Estos modelos se pueden utilizar para:

- Evaluar el estado actual y diagnosticar el estado de madurez de una organización
- Identificar brechas existentes hacia el estado deseado
- Definir la progresión hacia la madurez
- Clarificar expectativas para cada etapa (incluyendo lo que resta para más adelante)

Hay dos formas de evaluar la madurez de la Gestión de Datos: preguntando a las personas cómo perciben el estado actual y recopilando evidencia de madurez. La primera suele realizarse haciendo que las personas interesadas (*stakeholders*) de diferentes unidades organizacionales respondan a un cuestionario. La advertencia es que los resultados dependerán de la exposición del encuestado a la disciplina evaluada (por ejemplo, Gobierno de Datos, Calidad de Datos, Gestión de Metadatos, etc.). El segundo método consiste en recopilar información (por ejemplo, documentos, procesos, artefactos, correos electrónicos, minutas, etc.) que muestre qué procesos de Gestión de Datos se están ejecutando y en qué grado. Esta evidencia en sí misma debe ser interpretada.

Obtenemos muchos beneficios del uso consistente y permanente de un Modelo de Madurez de Gestión de Datos. Cuando definimos una Estrategia de Datos, un Modelo de Madurez de Gestión de Datos contribuye a:

---

[22] History of Capability Maturity Model https://bit.ly/3uHZ6xg. The Software Engineering Institute developed the five-level Capability Maturity Model for Software in 1987. It evolved into the CMM IntegrationTM (CMMI), still focused on software development. Several models applied to different disciplines came after that.

[23] Maturity Models in Business Process Management https://bit.ly/3O2XuF6

- **Entendimiento Común**: En el Capítulo 1, afirmamos que la Estrategia de Datos ayuda a gestionar las expectativas sobre la Gestión de Datos. Esto incluye el establecimiento de un consenso sobre las definiciones de prácticas maduras de Gestión de Datos. Un Modelo de Madurez contribuye a este entendimiento, ya que define claramente qué tipo de evidencia debe existir para cada etapa de madurez.

- **Prácticas Estandarizadas**: Cuando se sigue un Modelo de Madurez de Gestión de Datos, no es necesario inventar las capacidades necesarias. Las capacidades han sido definidas y estandarizadas con base en la experiencia y las mejores prácticas de profesionales de diversos sectores. Aun cuando hay espacio para la personalización de los artefactos, las plantillas y las herramientas que se usan para respaldar las capacidades, el propio modelo definirá la mayor parte de lo que se necesita.

- **Guía de Anclaje para Hojas de Ruta**: Si bien las Estrategias de Datos son la definición de mayor nivel para priorizar acciones relacionadas con datos, se necesita una guía de las capacidades requeridas. Las capacidades indicadas en cada nivel de madurez anclan hitos específicos de la organización en hojas de ruta y planes operativos.

- **Gestionar Expectativas**: Conflictos pueden surgir en cualquier relación cuando las expectativas no se comunican o no se cumplen. Un escenario típico en la Gestión de Datos es no entender claramente lo que significa la Gestión de Datos. Un Modelo de Madurez de Gestión de Datos indica claramente las expectativas en cada nivel de madurez para cada función representada en el modelo. Por lo tanto, el Modelo de Madurez puede ayudar a articular y gestionar las expectativas al indicar qué lograr en cada etapa de la implementación de la Gestión de Datos.

- **Alineación de Equipos**: Expresar claramente qué capacidades se establecerán en cada fase no sólo ayuda a gestionar las expectativas, sino que también permite que estas actividades estén alineadas y coordinadas entre los diversos equipos involucrados en el proceso.

- **Soporte Durante Auditorías**: Las auditorías externas son una constante en sectores altamente regulados (por ejemplo, financiero, seguros, salud, etc.) El Gobierno de Datos se está convirtiendo en un hilo conductor en las auditorías. Reconocer las debilidades identificadas en una evaluación de Madurez de Gestión de Datos e indicar en una hoja de ruta cuándo se resolverán generalmente dará puntos positivos en una auditoría.

2.2.   Opciones de Modelos de Madurez

Se han desarrollado varios modelos de madurez que se aplican a aspectos de la Gestión de Datos (véase Tabla 2). El modelo con el que estoy más familiarizada es el DCAM. Lo he estudiado profundamente mientras ayudaba a traducir la versión 2.2 al español. DCAM fue definido por primera vez en 2014 por los miembros del Consejo Empresarial de Gestión de Datos (EDM Council, por sus siglas en inglés). El EDM Council, creado en 2005, es una organización sin fines de lucro cuyo objetivo es elevar la práctica de la Gestión de Datos y Analítica, y dar soporte al rol del profesional en datos.[24] Facilita mejores prácticas, estándares, capacitación, educación, y la colaboración entre industrias en Gestión de Datos e investigación analítica. Si bien comenzó principalmente con organizaciones financieras, hoy cuenta con más de 300 miembros, que representan una amplia gama de industrias y reguladores en todo el mundo.

La mayoría de los autores de la primera versión pertenecían al Sector Financiero. Su objetivo era recopilar las mejores prácticas en Gestión de Datos para cumplir con las recomendaciones del BCBS 239, los principios para la agregación efectiva de datos de riesgo y la notificación de riesgos, emitidos por el Comité de Supervisión Bancaria de Basilea después de la crisis financiera de 2008.[25] El DCAM ha evolucionado en los años recientes, y muchas organizaciones y empresas públicas y reguladoras de diferentes sectores lo utilizan.

El DCAM puede guiar la implementación de la Gestión de Datos en una organización. Describe las capacidades y acciones necesarias para adquirir, producir, manejar y mantener datos confiables. Incluye la medición y evaluación de fortalezas y debilidades. Y, lo que es más importante, define hojas de ruta de implementación basadas en hitos para establecer las capacidades necesarias como columna vertebral de las Estrategias de Datos.

Tabla 2 Alternativas de Modelos de Madurez de Gestión de Datos

Nombre	Abreviatura	Autor	Primera publicación	Lanzamiento más reciente
Gartner Enterprise Information Management Maturity Model[26]	EIMM	Gartner Group	2008	2016
Data Management Maturity Model[27]	DMM	CMMI Institute	2014	Retirado por ISACA el 1 de enero de 2022 para ser incorporado en el Modelo CMMI

---

[24] EDM Council https://edmcouncil.org/

[25] BCBS 239 https://bit.ly/3csR5Gt

[26] Gartner Introduces the EIM Maturity Model https://bit.ly/3zbo4aS

[27] Data Management Maturity Model Introduction https://bit.ly/3coOX2t

Nombre	Abreviatura	Autor	Primera publicación	Lanzamiento más reciente
Capability Maturity Model for Research Data Management[28]	CMMRDM	Syracuse University	2014	
Data Management Capability Assessment *Model*[29]	DCAM	Enterprise Data Management Council	2014	Versión 2.2 publicada en octubre de 2021
Modelo Alarcos de Mejora de Datos[30]	MAMD	Alarcos Research Group y Universidad de La Mancha Castilla, España	2018	Versión 3.0 publicada en mayo de 2020

El DCAM 2.2 (Figura 8) consta de siete componentes principales y un componente opcional (Gestión de Analítica). Cada componente contiene capacidades y *subcapacidades*. Cada uno tiene objetivos claros y artefactos propuestos para considerar como evidencia de una capacidad o *subcapacidad* establecida. Los ocho componentes incluyen 38 capacidades, 136 *subcapacidades* y 488 objetivos.

La mayoría de los modelos de madurez, pese a los procesos que miden, usan una escala de madurez inicialmente definida por el CMMI e incluida en el DMM (véase Sección 2.2):

1. Desempeñado
2. Gestionado
3. Definido
4. Medido
5. Optimizado

---

[28] A Capability Maturity Model for Research Data Management https://surface.syr.edu/istpub/184/

[29] EDM Council DCAM https://bit.ly/3PDW5Gw

[30] Alarcos Group MAMD 3.0 https://bit.ly/3aOucN2

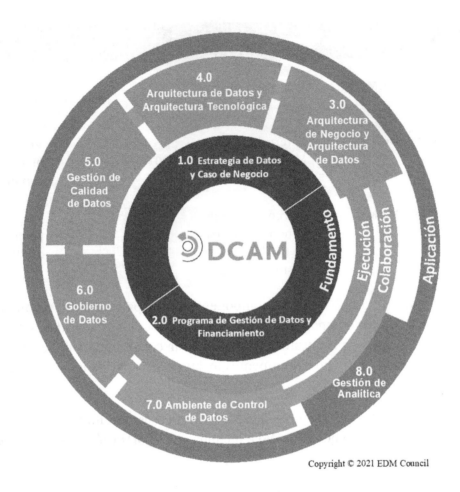

Figura 8 Marco de Referencia DCAM 2.2

El DCAM no sigue este formato de cinco niveles. Incluye seis niveles de madurez (Figura 9):

1. **No iniciado**: La capacidad/*subcapacidad* no está establecida y no hay conciencia de su necesidad. Sólo esfuerzos *ad hoc* pueden ser encontrados.

2. **Conceptual**: La capacidad/*subcapacidad* no existe, pero hay conciencia de su necesidad; esto se encuentra en discusión en varios foros.

3. **En Desarrollo**: La capacidad/*subcapacidad* se encuentra en desarrollo.

4. **Definida**: La capacidad/*subcapacidad* ha sido definida y validada por *stakeholders* directamente involucrados.

5. **Alcanzada**: La capacidad/*subcapacidad* está establecida y entendida a través de la organización y es seguida por los *stakeholders*. En este nivel se puede encontrar evidencia de diferentes tipos de artefactos (documentación de procesos, políticas, estándares, correos electrónicos, minutas de reuniones, etc.) para sustentar el logro de este nivel de madurez.

6. **Mejorada**: La capacidad/*subcapacidad* está establecida como parte de una práctica recurrente y atraviesa un proceso continuo de mejora.

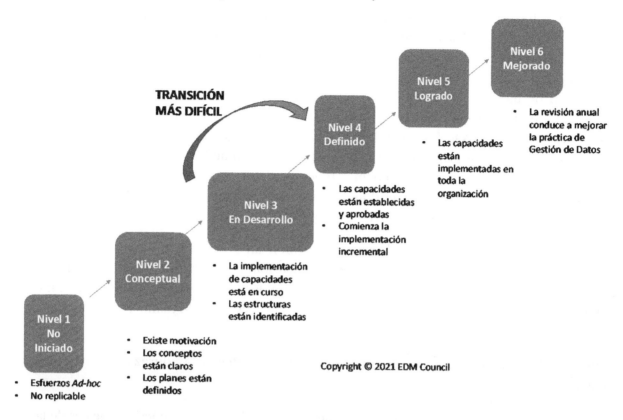

Figura 9 Niveles de Madurez del DCAM

Lo que más me gusta del DCAM es su Componente 1 Estrategia de Datos y Caso de Negocio. Para el DCAM, la Estrategia de Datos es fundamental para implementar con éxito la Gestión de Datos. El DCAM reconoce que, sin una Estrategia de Datos, no habría un orden claro sobre cómo implementar la Gestión de Datos. De acuerdo con el DCAM 2.2, «la Estrategia de Gestión de Datos y el Caso de Negocio determina cómo se define, organiza, financia, gobierna e integra la Gestión de Datos en las operaciones de la organización». La Gestión de Datos es costosa y no es un proyecto. Es una serie de funciones que deben establecerse y mantenerse. Eso requiere una financiación anual. Esta es la relevancia de contar con una Estrategia de Datos y la definición de un Caso de Negocio por adelantado como base básica para la Gestión de Datos.

Dado que la definición de una Estrategia de Datos es el primer paso para implementar una práctica de Gestión de Datos, las capacidades de un Modelo de Madurez de Gestión de Datos deben tenerse en cuenta en la Estrategia de Gestión de Datos. Si bien cualquier Modelo de Madurez de Gestión de Datos se puede utilizar para el **Método PAC de Estrategia de Datos**, me referiré al DCAM porque es completo, bien pensado y maduro.

2.3.   Relevancia de Modelos de Madurez Basados en Capacidades

En el Capítulo 1 dijimos que las **Estrategias de Datos** son la guía de más alto nivel en una organización para la asignación inteligente de recursos hacia un trabajo integrado para alcanzar metas relacionadas a datos y contribuir a alcanzar los objetivos estratégicos de negocio. La idea principal detrás de esta definición es la priorización. La lista de cosas que hacer en torno al ecosistema de datos es tan grande que necesitamos un medio para identificar las cosas más importantes en las que enfocarnos. Hemos dicho que la Gestión de Datos puede ser la base para el éxito de otras iniciativas. En general, es una base para el éxito de la analítica avanzada. Por lo tanto, primero debemos priorizar las capacidades de Gestión de Datos que debemos desarrollar e implementar. Para ello, primero debemos tener muy claro qué significa una buena y madura práctica de Gestión de Datos. Aquí es donde una referencia a un Modelo de Madurez de Gestión de Datos basado en capacidades se vuelve más relevante.

Capacidad es «la cualidad o estado de ser capaz» (Merrian Webster Dictionary, 2022); implica, de forma simple, «la habilidad de hacer algo» (Britannica Dictionary, 2022). Cuando las capacidades y los artefactos asociados están bien definidos (por ejemplo, cualquier documento, minutas, listas de distribución, etc.), es más fácil evaluar el nivel de madurez en función de la evidencia en lugar de la percepción subjetiva.

Algunos de los beneficios que Podemos encontrar en un Modelo de Madurez de Datos basado en capacidades son:

- Las capacidades estandarizadas están definidas con base en las prácticas ideales de la industria.

- Las capacidades permiten hacer comparación con otras organizaciones de la misma industria.

- Las definiciones de capacidades permiten un entendimiento compartido del nivel de madurez de la Gestión de Datos dentro de una organización. Es evidente y tangible qué hacer para pasar de un nivel de madurez al siguiente.

- Es más fácil definir la columna vertebral de la hoja de ruta con hitos base por el establecimiento de capacidades. Posteriormente podemos establecer hitos específicos para el negocio en torno a estos hitos base.

- Podemos medir objetivamente el progreso basado en la evidencia descrita en el modelo.

- Para nuestro propósito, como se mostrará en el Capítulo 5, usar un Modelo de Madurez de Gestión de Datos basado en capacidades nos ayudará a priorizar cuáles capacidades están establecidas en el corto, mediano y largo plazo, permitiendo la gestión de expectativas.

2.4.   Conceptos Clave

Los Modelos de Madurez de Gestión de Datos son herramientas importantes para medir la evolución de diferentes disciplinas de la Gestión de Datos.

Se recomiendan los Modelos de Madurez de Gestión de Datos basados en capacidades para medir objetivamente la madurez con base en evidencia.

2.5.   Para Tener en Cuenta

1.   Los Modelos de Madurez de Gestión de Datos pueden usarse como guía para definir las hojas de ruta que llevarán a la organización al estado de tratamiento de datos deseado.

2.   Un Modelo de Madurez de Gestión de Datos basado en capacidades puede ayudar a establecer y gestionar expectativas para buenas y maduras prácticas de Gestión de Datos a través de la organización.

3.   Las capacidades consideradas en un Modelo de Madurez de Gestión de Datos servirán como guía de priorización en las Estrategias de Datos y como columna vertebral para las hojas de ruta derivadas de las Estrategias de Datos.

2.6.   Entrevista sobre Gestión de Datos

EXPERTA ENTREVISTADA: **Melanie Mecca**[31]

Melanie Mecca es la principal autoridad mundial en evaluación de capacidades empresariales de Gestión de Datos.

Directora General de DataWise Inc., fue reconocida como 'Consultora de Datos Líder' por CDO Magazine en 2022. Cuenta con conocimientos y experiencia incomparables en la dirección de Evaluaciones de Gestión de Datos, evaluación comparativa de programas de Gestión de Datos, y hojas de ruta estratégicas. Su liderazgo en la evaluación, el diseño y la implementación de programas de Gestión de Datos ha permitido acelerar su éxito a clientes de todas las industrias.

DataWise es un orgulloso socio del EDM Council y está acreditado con el DCAM. Como directora de Gestión de Datos del Instituto ISACA/CMMI, Melanie fue la autora gerencial del Modelo

---

[31] Melanie Mecca https://www.linkedin.com/in/melanie-a-mecca-1b9b1b14/

DMM y ha liderado 38 Evaluaciones a la fecha, resultando en una rápida implementación de capacidades. DataWise provee cursos detallados con instructor, en los cuales utiliza casos de estudio y numerosos ejercicios en equipo.

DataWise también ofrece un conjunto de cursos en línea para organizaciones que imparten conceptos clave y habilidades prácticas para una amplia variedad de personal, elevando el conocimiento de la organización, estableciendo una cultura de datos, fomentando una mayor colaboración y potenciando el gobierno. ¡La educación de los *stakeholders* es la clave para la excelencia en la Gestión de Datos! Visite *datawise-inc.com* para descubrir «Cómo se ve lo BUENO».

Dada su vasta experiencia como consultora y profesional en la creación de Programas de Gestión de Datos y como autora gerencial del Modelo DMM, ¿cuál cree que es la relación entre un Modelo de Madurez de Gestión de Datos basado en capacidades y una Estrategia de Datos horizontal bien definida que guíe el trabajo relacionado con datos y responda a la estrategia empresarial? ¿Ha encontrado este tipo de Estrategia de Datos en las organizaciones con las que ha trabajado?

«Se aconseja a las organizaciones que se propongan establecer o mejorar su programa de Gestión de Datos que lleven a cabo una Evaluación de Gestión de Datos integral a través de toda la empresa. La evaluación proporciona un punto de referencia preciso para las capacidades actuales, lo que permite a la organización descubrir fortalezas y brechas, y desarrollar un plan de implementación personalizado para acelerar su progreso.

He descubierto que las organizaciones utilizan el término "Estrategia de Datos" inconsistentemente, pero típicamente hacen énfasis en transformación tecnológica. En mi experiencia, hay tres componentes primarios en una Estrategia de Datos que abarque toda una organización:

- Arquitectura de Datos – QUÉ necesita ser diseñado e implementado para satisfacer requerimientos de datos (modelos de datos, planes de componentes de datos, planes de transición, etc.)

- Tecnología/Plataformas de Datos – el CÓMO, lo que una organización construye o adquiere para capturar, almacenar y distribuir datos (énfasis en datos corporativos o datos compartidos)

- Gestión de Datos – QUÉ procesos se necesitan operacionalizar para construir, sostener y controlar los datos, y QUIÉN los ejecuta (personas, roles y estructuras de colaboración (gobierno)).

Desde el punto de vista de la Gestión de Datos, aconsejo a los clientes que desarrollen la Estrategia de Gestión de Datos como un esfuerzo dedicado independiente. De lo contrario, casi siempre se le dará poca importancia y será absorbida por los «objetos brillantes» (tecnología) y, hasta cierto punto, por el estado deseado de la arquitectura de datos.

Básicamente, los datos son <u>para siempre</u>, hay que gestionarlos de forma eficaz <u>para siempre</u>, y eso implica establecer una función permanente, como Finanzas y Recursos Humanos, respaldada por liderazgo ejecutivo, políticas, procesos, estándares, personal y gobierno. Tanto el DMM como el DCAM hacen hincapié en el desarrollo de un programa de Gestión de Datos horizontal, amplio y sostenible, basado en una Estrategia de Gestión de Datos integral. Debido a que muchas organizaciones aún no se han comprometido con esta transformación significativa, los esfuerzos e implementaciones centrados en datos pueden seguir estando basados en proyectos, ser ineficientes y costosos debido a la repetición del trabajo y la redundancia.

¿Qué temas deberían ser abordados en la Estrategia de Gestión de Datos? Como mínimo, se deben incluir:

- Un postulado de <u>visión</u> (descrito previamente, también conocido como "Nirvana de datos" por la organización) con un resumen general y las aspiraciones de negocio para activos de datos que se obtendrán al alcanzar la visión

- <u>Principios operativos</u> base, tales como "minimizar datos redundantes", "diseño inicial de datos", "racionalizar antes de construir", etc.

- <u>Metas</u> de programa alineadas con las metas de negocio de la organización

- <u>Objetivos</u> definidos para lograr metas del Programa EDM

- <u>Alcance de activo de datos</u> (abordado previamente) – <u>dominios de datos</u> de alto nivel que son el enfoque del Programa de Gestión de Datos

- <u>Brechas</u> graves – resumen del estado actual de los activos de datos y las prácticas de gestión, y el impacto negativo que causan en el logro de metas y objetivos de negocio

- <u>Alcance de Gestión de Datos</u> – los procesos de negocio de Gestión de Datos que son requeridos para alcanzar metas negocio y remediar brechas (por ejemplo, glosarios de términos de negocio, perfilamiento de datos, catálogo de datos, etc.)[32]

- <u>Productos de trabajo clave</u> que se requiere producir, tales como políticas, estándares y procesos definidos

- <u>Beneficios al negocio</u> – éstos deben ser descritos:

    o Satisfacer casos de uso – por ejemplo, análisis predictivo de ventas potenciales de producto basadas en temporada, área geográfica, tendencia demográfica, etc.

---

[32] See the Data Management Maturity Model's list of 25 process areas and the Knowledge Areas in the Data Management Body of Knowledge to ensure completeness – note that the DMM focuses on fundamental EDM practices. At the same time, the DMBOK also includes solution areas (e.g., content management).

- o Mejoras – por ejemplo, en el servicio al cliente, el cumplimiento normativo, el desarrollo de productos, etc.

- o Beneficios tangibles – por ejemplo, minimizar costos de mantenimiento, reducir defectos de calidad que causan retrasos en los cierres de libros, ROI para un desarrollo más rápido, etc.

- Prioridades – cómo las prioridades, tanto para dominios de datos como para procesos de Gestión de Datos, son determinadas y qué factores están involucrados (por ejemplo, dependencias, valor de negocio, alineación con iniciativas estratégicas, y nivel de esfuerzo)

- Estructura de gobierno – una descripción de alto nivel de roles de gobierno, cuerpos de gobierno, y cómo interactúan

- Involucramiento del negocio – cómo los representativos de datos se despliegan para definir datos, y construir, mejorar y controlar los activos de datos

- Recursos del personal – estimado de recursos requeridos y nuevos puestos que necesitan ser ocupados (por ejemplo, la Organización de Gestión de Datos, el director de Datos, etc.)

- Métricas – ¿cómo sabrá usted que está cumpliendo con los objetivos del programa? Un conjunto inicial de alto nivel de métricas de progreso y proceso de componentes debe establecerse en la estrategia

- Comparativos (*Benchmarking*) – qué método y modelo de referencia de Gestión de Datos adoptará la organización para alcanzar un objetivo medible de desarrollo e implementación de capacidades

- Por último, pero definitivamente no menos importante – un plan de secuencia de alto nivel, de varios años de duración, que muestre las principales iniciativas por implementar.

La conclusión es que, independientemente de la arquitectura a la que se dirija o de la tecnología que vaya a adquirir para soportarla, siempre tendrá que gestionar los datos de forma eficaz. Una vez que la Estrategia de Gestión de Datos está socializada y aprobada, se puede combinar con Arquitectura y Tecnología para obtener una Estrategia de Datos general.»

¿Cuál considera que es el rol de la Estrategia de Datos en el éxito o fracaso de una iniciativa de Transformación Basada en Datos?

«"Primero los Datos": ese debería ser el principio rector para todas las organizaciones, ya sea una empresa de más de 100 años de antigüedad que busca promover sus objetivos de negocio aprovechando sus activos de datos, o un nuevo *startup* que aspira a conquistar su industria. Nada sucede sin datos: no se pueden realizar procesos de negocio; no se pueden tomar decisiones de negocio.

"No planificar es planificar el fracaso". Las organizaciones harían bien en tomarse el tiempo para planificar su futuro Basado en Datos. Si toman el camino de implementar varias capacidades diferentes sin una estrategia general, los esfuerzos están sujetos a redundancia y es menos probable que se coordinen (por no mencionar que son más costosos). La estrategia es el <u>antídoto</u> contra los esfuerzos desordenados.

Aconsejo a los clientes que no dediquen demasiado tiempo a crear su estrategia de Gestión de Datos. El logro esencial que determina el éxito (sí o no) es obtener el consenso y los acuerdos de las principales líneas de negocio o unidades organizacionales. Los detalles se pueden desarrollar en el plan de secuencia general para la transformación, y los detalles necesarios para el desarrollo de capacidades se describen en los planes de implementación.

Un elemento de la Estrategia de Datos debe determinarse de arriba hacia abajo desde el principio y enfatizarse: el gobierno de datos. El esfuerzo de desarrollo de la estrategia es la ocasión para estructurar e implementar el gobierno, sin la cual el programa de Gestión de Datos no puede tener éxito.»

Desde su perspectiva, ¿quién considera que debe liderar la creación y el mantenimiento de una Estrategia de Datos, y qué *stakeholders* deben participar en el proceso?

«Si la organización ya ha financiado y puesto en marcha una Organización de Gestión de Datos (DMO, por sus siglas en inglés) centralizada, debe estar dirigida por el máximo ejecutivo de datos de esa organización, el director de Datos (CDO, por sus siglas en inglés) o equivalente. Los principales aprobadores deben ser los ejecutivos de las líneas de negocio/áreas de misión y tecnología de la información. Deben designar representantes de alto nivel para trabajar en el esfuerzo, y también deben incluirse otras organizaciones centradas en la empresa, como Analítica, Riesgo, Arquitectura Empresarial, Auditoría Interna, etc.

La DMO es la columna vertebral, que defiende y mantiene <u>productos de datos persistentes</u>, incluyendo:

- Estrategia de Datos (Gestión, Arquitectura y Tecnología)
- *Estrategia de Calidad de Datos*
- Estrategia de Metadatos
- Glosario de Negocio
- Modelos Lógicos de Datos Empresariales (o de Área del Negocio)
- Políticas, Procesos y Estándares de Gestión de Datos

El CDO debe trabajar con ejecutivos pares para designar grupos de trabajo de datos con miembros conocedores de las diferentes disciplinas, por ejemplo, para desarrollar la arquitectura de datos, los actores clave serían al menos un arquitecto de datos empresariales, custodios de datos de negocio y técnicos, y una serie de arquitectos de datos experimentados extraídos de los principales repositorios y sistemas operativos críticos.»

¿Cómo recomendaría a un nuevo líder de Gobierno de Datos crear conciencia y obtener la aceptación de la Alta Dirección sobre la relevancia de construir una Estrategia de Datos integral y horizontal como base para un programa de Gestión de Datos exitoso?

«Esta es la pregunta clave, ¿cierto? Cómo lograr la venta interna de un esfuerzo de toda la empresa.

En primer lugar, le recomendaría que estudie la estrategia de negocio de la organización (o el plan quinquenal, para las agencias Federales y Estatales). Para cada uno de los objetivos empresariales principales, analice el estado futuro correspondiente de los activos de datos que es necesario alcanzar para cumplir esos objetivos.

Por ejemplo, una de las metas de una empresa de productos de *software* podría ser aumentar la retención de clientes en un 25% en los próximos tres años. Algunas de las implicaciones de datos podrían ser datos maestros de clientes oportunos y precisos, análisis para identificar factores asociados con la retención (por ejemplo, ventas de productos por cliente correlacionadas con la retención), categorización y seguimiento mejorado de llamadas de atención al cliente, y expansión de las funciones de autoservicio en el portal web orientado al cliente. Todos estos ejemplos dependen de mejorar el estado actual de los datos.

Después, yo recomendaría entrevistar a todos los ejecutivos de línea de negocio / áreas de misión y al director de Tecnologías de Información (CIO, por sus siglas en inglés) para descubrir:

- Lo que podrían hacer si tuvieran los datos correctos, en el momento adecuado y en las condiciones adecuadas, es decir, sus <u>aspiraciones</u> con respecto a los datos. Si es posible, pídales que estimen el valor si estas aspiraciones se hicieran realidad.

- Cuáles son sus principales problemas de datos, ya sean actuales o previstos. Y explorar cuáles son los inhibidores u obstáculos actuales que provoca el estado actual de los datos, cuantificando lo máximo posible.

Los resultados de estas entrevistas revelan la polaridad entre dónde están y dónde quieren estar: metas por alcanzar, problemas por resolver. Su análisis, a la luz de la estrategia general de la organización, le indicará el estado futuro y lo que la Gestión de Datos, la tecnología y la arquitectura deben ofrecer.

Por último, presente sus hallazgos y recomendaciones, y demuestre cómo una Estrategia de Datos integrada hará avanzar a la organización y cómo resolverá los problemas persistentes. Este enfoque garantizará que todas las voces clave se escuchen, sinteticen y se reflejen en su justificación de la Estrategia de Datos.»

3. El Método PAC de Estrategia de Datos: Componente 1 – Marco de Referencia de Estrategias de Datos

«La estrategia trata acerca de tomar decisiones, sacrificios; trata acerca de deliberadamente elegir ser diferente»

Michael Porter

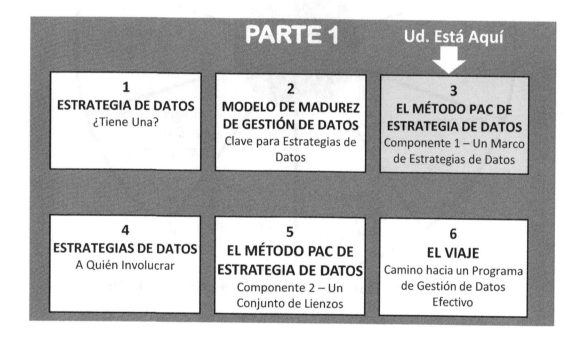

3.1. Marcos de Referencia: Fuentes de Inspiración

De acuerdo con el Diccionario *Merriam-Webster*, un «marco de referencia es una estructura conceptual básica (como de ideas).» El Tesauro define un marco de referencia como «la disposición de las partes que da a algo su forma básica». Una definición que me gusta más es la del Diccionario de Cambridge: «Un marco de referencia es una estructura de soporte alrededor de la cual se puede construir algo».

El propósito de un marco de referencia en un área temática particular es proporcionar una referencia, un punto de partida. En lugar de reinventar la rueda, debemos utilizar las ruedas existentes y dedicar nuestros esfuerzos a crear valor adicional. Cuando el tema es la Gestión de Datos, no hay mejor rueda que la Rueda de DAMA (Figura 10), el marco de referencia de Gestión de Datos donde el Gobierno de Datos se encuentra en el medio, interactuando con todas las áreas de conocimiento (o, como prefiero llamarlas, funciones) circundantes de Gestión de Datos.

DAMA-DMBOK2 Marco de Referencia de Gestión de Datos

Copyright © 2017 by DAMA International

Figura 10 Rueda DAMA de Gestión de Datos

El DMBOK2 incluye una versión evolucionada de la Rueda (Figura 11). El Gobierno de Datos ya no está en el centro de la Rueda. En su lugar, rodea todas las áreas de conocimiento de la Gestión de Datos. En esta versión de la Rueda, podemos ver cómo todos los segmentos de Gestión de Datos que teníamos en la Rueda original están organizados según la etapa del ciclo de vida de los datos en la que son más relevantes. También podemos ver que el Gobierno del Dato ya no se centra en definir políticas y estándares, sino en promover todos los conceptos del círculo. La estrategia es la más relevante desde mi punto de vista, ya que todo lo demás se puede derivar si está bien abordado en la Estrategia de Datos.

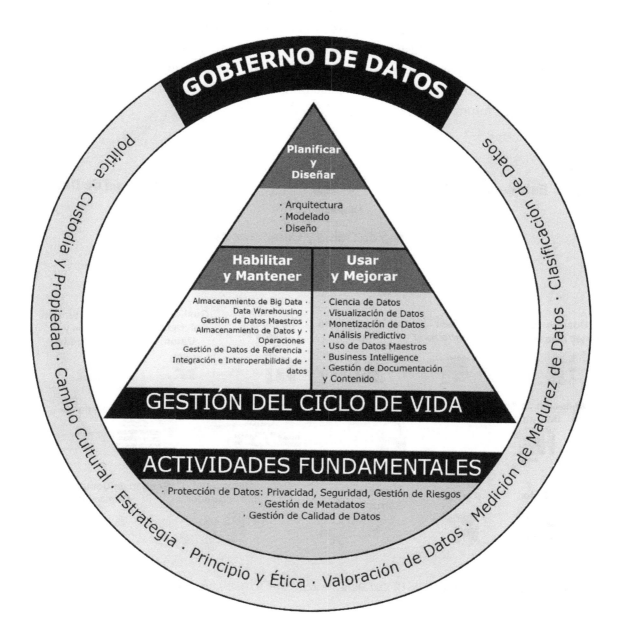

Copyright © 2017 por DAMA International

Figura 11 Rueda DAMA de Gestión de Datos Evolucionada

Con base en la representación de la Gestión de Datos en la Figura 11, el líder de Gobierno de Datos es el orquestador, pero no el autor, de las Estrategias de Datos, como se discutirá en el Capítulo 4.

Como se describe en el Capítulo 1, una de mis fuentes de inspiración fue el Marco de Referencia de *Global Data Strategy, Ltd.* (GDS), inspirado en Donna Burbank (Figura 12). Como deja claro este marco, el motor de la Estrategia de Datos es la alineación con la estrategia de negocio. La disposición de las funciones de Gestión de Datos en el centro del diagrama y el reconocimiento de los diferentes tipos de datos en la parte inferior apuntan a la idea de que el propósito de la Estrategia de Datos es guiar la prioridad de las disciplinas de Gestión de Datos aplicadas a fuentes de datos específicas en función de las necesidades del negocio.

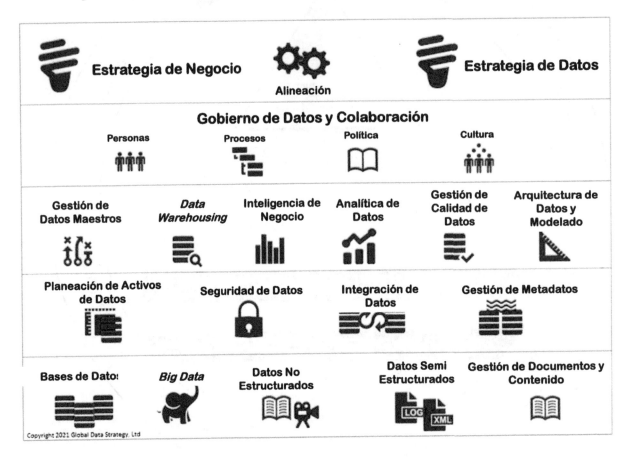

Figura 12 Marco de Referencia de Global Data Strategy, Ltd.´s (GDS) inspirado por Donna Burbank

3.2.   Marco de Referencia de Estrategias de Datos

Al definir un marco de referencia, describimos la estructura para construir Estrategias de Datos. Sí, «estrategias» es plural porque necesitamos un conjunto de estrategias. En primer lugar, necesitamos una estrategia para definir los datos necesarios para resolver las necesidades de negocio. De esta manera, nos aseguramos de que los datos se alineen con los objetivos estratégicos del negocio. Además, el nivel de madurez de Gestión de Datos impulsa la priorización de cómo implementar la Gestión de Datos en general. Como función general, el

Gobierno de Datos también debe tener una estrategia definida. Luego, debido a su complejidad, cada disciplina de Gestión de Datos necesita su propia estrategia. Los diferentes niveles de la Estrategia de Datos incluyen:

- **Estrategia de Alineación de Datos** donde los dominios de datos se alinean con los Objetivos de la Estrategia de Negocio.

- **Estrategia de Gestión de Datos** donde las funciones de Gestión de Datos son priorizadas.

- **Estrategia de Gobierno de Datos** donde las capacidades, la estructura y los objetos a gobernar son priorizados.

- **Estrategia de Funciones Específicas de Gestión de Datos** donde cada disciplina de Gestión de Datos tiene sus capacidades, estructuras y dominios de datos priorizados.

Todas éstas deben estar estrechamente relacionadas a la estrategia de TI, donde todas las plataformas de tecnología aparecen.

El Marco de Referencia de Estrategias de Datos (Figura 13) ilustra estas relaciones. Este marco muestra todos los elementos por considerar en un Ecosistema de Datos a un nivel estratégico:

- Los cuatro tipos de Estrategias de Datos mencionados previamente (Estrategia de Alineación de Datos, Estrategia de Gestión de Datos, Estrategia de Gobierno de Datos, Estrategia de Funciones Específicas de Gestión de Datos).

- Otras estrategias relevantes (Estrategia de TI, Estrategia de Gestión de Cambios, Estrategia de Comunicación) deben existir y vincularse con las Estrategias de Datos.

- Diferentes tipos de fuentes de datos (hasta abajo)

- Los dos componentes más críticos del panorama de datos:
    o Transacciones como los principales productores de datos estructurados
    o Analítica como el principal consumidor de datos

Cada elemento de este marco de referencia debe estar relacionado y alineado entre sí.

- La alineación de arriba hacia abajo asegura que todo esté ligado a y derivado de la Estrategia del Negocio.

- La ejecución de las estrategias sucede de abajo hacia arriba.

- Horizontalmente, la alineación debe ser bidireccional entre cada elemento.

Definir una Estrategia no es cosa fácil. Debido a que requiere trabajo, tenemos que completarlo de una manera muy pragmática. Su objetivo es producir una estrategia que las personas de la organización entiendan y utilicen, no algo que se quede en un estante o en una carpeta. Por lo tanto, el núcleo del **Método PAC de Estrategia de Datos** utiliza un lienzo específico para cada Estrategia de Datos resaltada en la Figura 13 (Estrategia de Alineación de Datos, Estrategia de Gestión de Datos, Estrategia de Gobierno de Datos, y Estrategia de Funciones Específicas de Gestión de Datos). Los exploraremos en detalle en el Capítulo 5. Por ahora, comencemos por exponer el propósito y el contenido de cada una de las diferentes Estrategias de Datos.

Figura 13 Marco de Referencia de Estrategias de Datos

Cada Estrategia de Datos es definida como respuesta a los insumos del estado actual: Motivaciones para manejar los datos de mejor forma, Comportamientos Relacionados con Datos, y Puntos de Dolor relacionados con Datos (Figura 14):

- **Motivaciones:** Estas declaraciones representan la razón por la que la organización quiere establecer o reforzar un programa de Gestión de Datos. Ejemplos de estas motivaciones podrían ser:

  o Tener datos precisos para producir información confiable y conocimiento del cliente.
  o Tener datos precisos para mejorar la experiencia del cliente.
  o Reducir el riesgo de no cumplir con las regulaciones locales.

- **Comportamientos por Modificar Relacionados con Datos:** Convertirse en una organización Basada en Datos depende de la creación de una Cultura de Datos. Un programa efectivo de Gestión de Datos implica procesos, tecnología y personas. A menudo, los procesos fallan por no tener en cuenta a las personas. Las Estrategias de

Datos deben abordar las acciones que las personas realizan actualmente y que no van en la dirección esperada cuando se habla de manejo de datos. Ejemplos de estos comportamientos no deseables son:

- ○ Producir reportes sin documentar las fuentes de datos utilizadas
- ○ No usar fuentes de datos autorizadas
- ○ No documentar metadatos

- **Puntos de Dolor relacionados con Datos**: Un insumo relevante a la que las Estrategias de Datos deben responder es representado por los problemas actuales relacionados con datos. Algunos ejemplos son:
  - ○ Incrementos en multas debido a datos de baja calidad entregados al buró de crédito
  - ○ Clientes duplicados están afectando la efectividad de ventas cruzadas
  - ○ Reportes producidos por el área de Ventas son inconsistentes con aquellos producidos por la de Finanzas

Todos estos insumos deben ser priorizados con base en el nivel de sus impactos potenciales (operacional, financiero, legal) para guiar la priorización de las acciones por describir en las Estrategias de Datos.

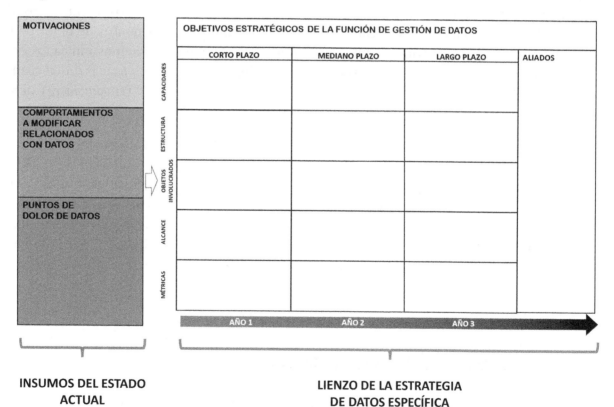

© 2023 María Guadalupe López Flores., Servicios de Estrategia y Gestión de Datos Aplicada, S.C., segda.com.mx

Figura 14 Insumos a las Estrategias de Datos

3.3.   Estrategia de Alineación de Datos

Comience por alinearse con los Objetivos Estratégicos del Negocio (por ejemplo, un aumento del 15 % en los clientes, un aumento del 10 % en la rentabilidad, un aumento del 5 % en el Índice de Promotores Netos (*Net Promoter Score* o *NPS*, por sus siglas en inglés), etc.). Esto suena obvio, pero tenemos que entender lo que eso significa. La Estrategia de Alineación de Datos identifica los datos que la organización necesita para ejecutar su estrategia de negocio.

Si hay brechas entre lo que la organización necesita y lo que tiene, entonces uno de los objetivos de esta estrategia es abordarlas. A los efectos de la estrategia en sí, no importa si los datos existen dentro de la organización. Si hay brechas, ese es un problema que la estrategia debe planear para resolver. Aquí hay una alineación bidireccional. En la Figura 13, de izquierda a derecha, la Estrategia de Negocio debe establecer la dirección que debe tomar la organización. Representa el insumo fundamental para la Estrategia de Alineación de Datos. De derecha a izquierda, la identificación de los requerimientos para los nuevos datos o de la información del negocio a partir de los datos actuales podría ayudar a identificar nuevas oportunidades de negocio.

Esta primera Estrategia de Datos también identifica a los productores y consumidores de los datos requeridos. Los dominios de datos identificados (por ejemplo, clientes, productos, proveedores, empleados, facturas, etc.) deben responder a los Objetivos Estratégicos del Negocio, las motivaciones del negocio y, lo que es más importante, los puntos de dolor de los datos del negocio. Aquí es donde comienzan los desafíos. Aunque los insumos indicados en la Figura 14 suelen existir, a menudo no están documentados. A veces, el reto es más difícil cuando la Estrategia de Negocio no está documentada. Las partes interesadas (*stakeholders*) deben ponerse de acuerdo sobre las tres principales declaraciones estratégicas que guían su trabajo.

Como veremos en el Capítulo 4, para elaborar esta primera Estrategia de Datos necesitamos la participación de los *stakeholders* que representen a todas las diferentes unidades organizacionales. Todos tienen necesidades y puntos de dolor relacionados a datos. Esta Estrategia de Alineación de Datos sienta las bases, por ejemplo, para los principios de datos y la propuesta de valor detrás de la Gestión de Datos sobre las cuales los *stakeholders* deben acordar. Llegar a un consenso no es tarea fácil, pero podemos lograrlo con agilidad. En el Capítulo 5 discutiremos el lienzo específico para cada Estrategia de Datos incluida en este Marco de Referencia.

3.4.   Estrategia de Gestión de Datos

Una vez definida la Estrategia de Alineación de Datos, lo siguiente que hay que hacer es priorizar qué hacer desde la perspectiva de la Gestión de Datos. Esto incluye la consolidación de los puntos de dolor relacionados a datos identificados y priorizados por los *stakeholders* que participan en la definición de la estrategia. Agregue las motivaciones que mueven a la organización para tener un programa de Gestión de Datos o una iniciativa de transformación Basada en Datos. Como tercer insumo, enumere los comportamientos de las personas relacionados con datos que deben cambiarse. Veremos en el Capítulo 4 que el grupo de *stakeholders* que define la Estrategia de Gestión de Datos será más pequeño que el que define la Estrategia de Alineación de Datos.

Un tema importante por priorizar son las funciones de Gestión de Datos que se abordarán formalmente, es decir, las que se encuentran en el centro del marco de referencia (Figura 13). Cada caja representa una de las rebanadas de la Rueda DAMA. Cuando enseño Gestión de Datos con base en la Rueda DAMA, la gente me dice con frecuencia que no sabe por dónde empezar a trabajar. Se sienten abrumados una vez que entienden lo que implica cada porción de la Rueda. Aquí es donde el Taburete de Tres Patas o la teoría del trípode basada en la Geometría Euclidiana tiene un papel relevante en la historia.

La teoría dice que un taburete de tres patas bien fabricado será más estable que uno con cuatro patas. Este es también el principio de los trípodes. La razón es sencilla, pero para explicarla debemos recurrir a los axiomas de la geometría euclidiana. Sabemos que un plano es una superficie bidimensional formada por un número infinito de puntos de coordenadas «X» e «Y» situados en la misma dimensión o «Z». Según Euclides, tres puntos son suficientes para definir un plano debido a la unión de esos puntos con rectas. Esto significa que la expresión mínima de un plano o superficie es un triángulo. Cuando un taburete tiene cuatro patas se forman diferentes planos o triángulos con la combinación de tres puntos, por lo que, si la superficie es de alguna manera irregular, el taburete se tambaleará.

Usando esta analogía, no se pueden abordar formalmente más de tres funciones de Gestión de Datos al mismo tiempo si queremos tener éxito y hacer un buen progreso. Esas son las tres patas del taburete, y una de ellas es siempre el Gobierno de Datos. Las otras dos patas se definen en función de los puntos de dolor relacionados con datos de máxima prioridad. Este es un consejo práctico para priorizar las funciones de Gestión de Datos en las que se va a trabajar. Esto se plasma en la Estrategia de Gestión de Datos, generalmente definida dentro de un horizonte de tres años. Así, cada año podemos cambiar una o dos patas del taburete. Esto, por supuesto, no es una regla rígida, sino una recomendación pragmática y realista.

Algunos otros aspectos requieren priorización. Hemos dicho que, siguiendo la teoría del taburete de tres patas, una de esas tres patas será el Gobierno del Datos. Pues bien, lo primero que hay que priorizar es el establecimiento de capacidades de Gobierno de Datos. En el Capítulo 2 se analizan los beneficios de seguir un modelo de Madurez de Gestión de Datos basado en capacidades para guiar esta parte de la Estrategia de Gestión de Datos. Pero también tenemos que priorizar en qué dominios de datos nos centramos en cada etapa (corto, medio y largo plazo). Debemos priorizar las fuentes de datos que se van a gestionar.

Uno de los beneficios de la priorización es gestionar las expectativas a través de toda la organización sobre lo que se debe lograr con el Programa de Gestión de Datos. Por lo tanto, también es relevante enumerar las iniciativas estratégicas en curso que se deben aprovechar para comenzar a aplicar las funciones de Gestión de Datos seleccionadas. También necesitamos una visibilidad clara de las iniciativas de Gestión de Datos y de lo que esperamos que logren. Además, por último, debemos identificar las métricas que nos permitirán saber si estamos progresando como se espera.

3.5.   Estrategia de Gobierno de Datos

Cuando completemos la priorización general de la Estrategia de Gestión de Datos, es hora de pasar a la Estrategia de Gobierno de Datos, la única pata del taburete con la que siempre tenemos que trabajar. Ninguna de las estrategias de este marco de referencia está aislada. Están interconectadas pero enfocadas en diferentes temas. El objetivo principal de la Estrategia de Gobierno de Datos es dejar claro qué esperar del equipo que trabaja en esta función. He visto a lo largo de los años que la mayoría de los conflictos surgen debido a una mala comunicación y a la falta de gestión de las expectativas. Por lo tanto, la Estrategia de Gobierno de Datos tiene como objetivo definir el alcance y establecer con precisión las prioridades a corto, mediano y largo plazo. Debe incluir qué hacer para dejar claro qué no hacer. A excepción de la Estrategia de Alineación de Datos, que comienza identificando los principales objetivos estratégicos del negocio, el resto de las Estrategias identifican los objetivos estratégicos específicos para el tema que cubre la estrategia (Gestión de Datos, Gobierno de Datos, Arquitectura de Datos, Calidad de Datos, etc.). Estos objetivos estratégicos, las motivaciones para tener un programa de Gestión de Datos, los comportamientos a modificar y los puntos de dolor relacionados con datos son los insumos para la Estrategia de Gobierno de Datos.

Las categorías por priorizar incluyen:

1. **Capacidades:** Con base en el modelo de madurez de Gestión de Datos de la organización (ver Capítulo 2), debemos segmentar las capacidades priorizadas de Gobierno de Datos en tres fases (corto, mediano y largo plazo). Las capacidades recomendadas por el modelo de madurez de Gestión de Datos seleccionado anclan la hoja de ruta. En torno a estas capacidades agregamos algunas específicas de la organización, como crear el inventario de políticas relacionadas con datos, incluir políticas de datos en el proceso de administración de políticas empresariales, y así sucesivamente.

2. **Estructura**: La estructura se refiere a los diferentes roles que esperamos tener a corto, mediano y largo plazo. Esto incluye los diferentes roles y el número de recursos previstos (líder de Gobierno de Datos, líder de Calidad de Datos, líder de Gestión de Metadatos, tres custodios de datos de clientes, un modelador de datos, un arquitecto, etc.). También incluye los órganos de gobierno (Consejo de Gobierno de Datos, Comité de Custodios de Datos, grupo de trabajo del Glosario, etc.).

3. **Objetos por Gobernar**: La priorización de los objetos que se van a gobernar establece el alcance del Gobierno de Datos. Aquí es donde el significado de gobernar los datos debe

basarse en su propósito para respaldar los objetivos del negocio. Estos elementos pueden ser dominios de datos (clientes, productos, facturas, etc.); procesos (ventas, apertura de cuentas, adquisición de datos, aprovisionamiento de datos, etc.); fuentes de datos (almacén de datos, lago de datos, datos maestros, etc.), o incluso reportes (rentabilidad, reclamaciones, etc.).

4. **Unidades Organizacionales en el Alcance:** Por lo general, las unidades organizacionales de mayor prioridad con las que interactuar son aquellas con los puntos de dolor relacionados con datos más significativos y, por lo tanto, es más probable que se beneficien del trabajo de Gobierno de Datos. Establezca expectativas en cuanto a qué áreas esperarán hasta el mediano o largo plazo. Implementar el gobierno de una sola vez (el *big bang*) es complicado y es probable que fracase.

5. **Métricas:** Cómo planeamos medir el progreso y la efectividad del trabajo de Gobierno de Datos. Las métricas deben evolucionar basándose no solo en el alcance y la complejidad de los indicadores, sino también en las capacidades implementadas. Un ejemplo de ello es el indicador de políticas. Tal vez en el primer año queramos medir el progreso y la integridad de las políticas escritas y aprobadas con respecto a la lista de las esperadas. Por el contrario, el indicador de cumplimiento de las políticas es más adecuado para ser encontrado a largo plazo una vez que aplicamos las políticas.

Identifique a los aliados que nos ayudarán a avanzar en la ejecución de la Estrategia de Gobierno de Datos. Un ejemplo de un gran aliado es un líder de unidad de negocio, alguien en el nivel Sénior con el mayor impacto o puntos de dolor debido a la falta de Gobierno de Datos. Estarán entre los primeros beneficiarios de esta práctica. La Comunicación Interna Institucional es otro ejemplo de una unidad organizacional que queremos tener como aliado cercano.

3.6.   Estrategias Específicas de Funciones de Gestión de Datos

Una vez definidas estratégicamente las expectativas para la Gestión de Datos y el Gobierno de Datos, se debe definir una estrategia para cada función de Gestión de Datos, comenzando por las otras dos patas del taburete. La estrategia debe basarse en las motivaciones y los puntos de dolor y estar conectada con los objetivos del negocio. Los insumos para estas Estrategias de Funciones de Gestión de Datos son los mismos que en las Estrategias de Gestión de Datos y de Gobierno de Datos: Motivaciones, Comportamientos Relacionados con Datos que deben Cambiarse, y Puntos de Dolor relacionados con datos. El primer paso, de nuevo, será definir los objetivos estratégicos de la función.

Las categorías por priorizar incluyen:

1. **Capacidades:** Las capacidades dependerán de cada Función de Gestión de Datos con la que estemos trabajando y de la fase en la que nos encontremos. Digamos que estamos

definiendo la Estrategia de Datos para la Calidad de Datos. Algunas de las primeras capacidades por abordar podrían ser el establecimiento del proceso de Gestión de Calidad de Datos, la creación y aprobación de un programa de Calidad de Datos, y la generación de un proceso para identificar los elementos críticos de datos. Estas capacidades son las que probablemente sugiera su Modelo de Madurez de Gobierno de Datos. Sería necesario identificar y priorizar algunas capacidades adicionales y específicas, como el inventario de los procesos críticos para el negocio, la habilitación de perfilamiento, y el análisis de la causa raíz.

2. **Estructura:** En esta sección se enumeran los recursos específicos que esperamos para cada fase relacionada con la Función de Gestión de Datos para la que definimos la Estrategia. Siguiendo con el ejemplo de la Calidad de Datos, quizás a corto plazo sólo esperamos un líder de Calidad de Datos y un analista de Calidad de Datos. Aun así, a mediano plazo, esperamos contar con dos perfiladores de datos, tres analistas de Calidad de Datos y cinco custodios de datos.

3. **Objetos Involucrados:** Defina el alcance y establezca las expectativas sobre qué abordar para la Función de Gestión de Datos que estamos describiendo. En el mismo ejemplo de Calidad de Datos podríamos priorizar los Procesos Críticos de Negocio para los cuales se identificarán y monitorearán los Elementos Críticos de Datos.

4. **Alcance:** Establezca expectativas y tenga muy claro lo que está dentro del alcance de cada fase (corto, mediano y largo plazo). Para continuar con nuestro ejemplo de Calidad de Datos, es posible que queramos limitar el alcance de la Calidad de Datos a los datos de los clientes.

5. **Métricas:** Las métricas vinculan la estrategia con la forma en que se ejecuta. Aquí priorizamos los indicadores y mediciones que tendremos a lo largo del tiempo, los cuales pueden variar dependiendo de la Función de Gestión de Datos que estemos comentando.

3.7.   Rol de la Estrategia de TI

Debido a que la producción y el uso de datos dependen de la tecnología, es fundamental comprender las Estrategias de Datos en relación con la Estrategia de TI. Los representantes de TI estarán entre los *stakeholders* que definirán las Estrategias de Datos (que se analizarán en el Capítulo 4). Aun así, una vez que se define la Estrategia de Gestión de Datos, ésta debe discutirse con el equipo de TI para garantizar que la Estrategia de TI respalde los objetivos de la Estrategia de Datos. Por ejemplo, si la Estrategia de Gestión de Datos identifica la necesidad de establecer la práctica de Gestión de Metadatos a corto plazo, entonces debemos asegurarnos de que la Estrategia de TI incluya la evaluación e implementación de la infraestructura de Gestión de Metadatos a corto plazo. Por supuesto, también debemos alinear la Estrategia de TI con la

Estrategia de Gobierno de Datos. De esta manera, debe incluir la evaluación, adquisición e implementación de las plataformas de tecnología necesarias para apoyar la Estrategia de Gobierno de Datos.

3.8.   Rol de la Estrategia de Gestión de Cambios

Muchas prácticas de Gestión de Datos son nuevas para algunas organizaciones, al menos de forma gobernada y articulada. Esto significa que requieren que las personas cambien su forma de trabajar. Por lo tanto, es valioso contar con el apoyo de la unidad de Gestión del Cambio dentro de la organización, si existe. Las Estrategias de Datos deben ser socializadas con el equipo de Gestión del Cambio y alineadas con la estrategia correspondiente, en caso de existir. Identificar y capacitar a los «campeones del cambio» son componentes vitales que vinculan las Estrategias de Datos con la Estrategia de Gestión del Cambio.

3.9.   Rol de la Estrategia de Comunicación

Si me pidieran que diera una recomendación estándar para todas las Estrategias de Datos que hemos discutido, sería la recomendación de las 3C: comunicar, comunicar y comunicar. Las estrategias en general, y las Estrategias de Datos en particular, deben democratizarse. Todos los miembros de la organización deben sentirse conectados con las Estrategias de Datos y tenerlas fácilmente accesibles. Si existe un área de Comunicación Interna corporativa o institucional, las Estrategias de Datos se deben socializar con ella. Debemos alinearnos con su estrategia y aprovechar la infraestructura existente para que nuestros esfuerzos de comunicación no colisionen con sus campañas de comunicación.

3.10.   Iniciativas Estratégicas

La mayoría de las organizaciones cuentan con una iniciativa estratégica. Una iniciativa lo suficientemente fuerte como para mover a toda la organización. Por ejemplo, la transformación digital, la transformación a una organización Basada en Datos, una fusión o incluso una desinversión. Håkan Edvinsson llama a esto «Gravedad», lo que significa que «algo se está moviendo en la organización. Algo está sacudiendo el edificio con la energía suficiente para llamar la atención de la gente"» (Edvinsson H. , 2020).

Dado que estas iniciativas son las principales prioridades, suelen ser buenas candidatas para empezar a aportar el valor de la disciplina de Gobierno de Datos y las funciones específicas de Gestión de Datos para evitar los puntos de dolor relacionados con datos.

3.11.   Fuentes de Datos

Las fuentes de datos son objetos que están sujetos a gobierno. Existen diferentes tipos de fuentes de datos, incluidas las bases de datos transaccionales, las bases de datos operativas, los repositorios de datos históricos y las fuentes de datos no estructurados. Dentro de los datos no estructurados podemos encontrar las grabaciones de audio de un centro de atención telefónica (*call center*) y opiniones de clientes en Internet y correos electrónicos. Se debe priorizar a las fuentes de datos para dirigir las acciones de Gobierno de Datos.

Eventualmente, todas las diferentes fuentes de datos deben ser gobernadas. A continuación, se muestra una forma sugerida de clasificar las fuentes de datos para priorizarlas para el gobierno (nota: Estas no son necesariamente mutuamente excluyentes):

- **Bases de Datos**: Usualmente son relacionales, pero aún podemos encontrar jerárquicas relacionados a sistemas heredados. Éstas son generalmente pobladas y actualizadas por sistemas transaccionales.

- **Nube de Big Data**: Se refiere a los repositorios de datos principalmente para soporte operativo y análisis. Por lo general, combinan datos estructurados, no estructurados y semiestructurados. Usualmente encontraremos estos repositorios almacenados en nubes, pero, dado que esta clasificación tiene más que ver con la tecnología, también podemos incluir aquí repositorios en instalaciones locales (*on-premise*).

- **Datos No Estructurados:** Hace referencia a fuentes de datos no estructuradas en audio, vídeo o texto. Por ejemplo, las grabaciones de audio de un *call center* de atención al cliente. Estos pueden ser textualizados y luego analizados para ser convertidos en datos estructurados significativos. Los datos no estructurados se pueden dividir en datos no estructurados repetitivos y no repetitivos (Inmon, Lindstedt, & Levins, 2019).

- **Datos Semiestructurados:** Esto no se ajusta a un modelo de datos, pero tiene cierta estructura. Carece de un esquema fijo o rígido. Los datos no residen en una base de datos relacional, pero tienen algunas propiedades organizacionales que facilitan su análisis. Algunos procesos podemos almacenarlos en la base de datos relacional (Geeks for Geeks, 2021). Algunos ejemplos son los correos electrónicos, archivos XML, paquetes TCP/IP y ejecutables binarios.

- **Documentos:** Los datos pueden encontrarse como documentos físicos, los cuales pueden digitalizarse, almacenarse y gestionarse mediante un sistema de gestión de documentos.

3.12.   Transacciones

Debemos tener en cuenta dos componentes principales del ecosistema de datos a la hora de definir las Estrategias de Datos: los Productores de Datos y los Consumidores de Datos. El entorno Transaccional produce la mayoría de los datos estructurados. Esto comprende los procesos de negocio respaldados por sistemas transaccionales y por las personas que utilizan estos sistemas, dirigiendo el día a día del negocio. Los datos transaccionales generalmente se almacenan dentro de tablas normalizadas dentro de sistemas de Procesamiento de Transacciones En Línea (*Online Transaction Processing, OLTP*) y están diseñados para integridad. Por lo general, se integra en repositorios de datos para estar preparados para su posterior consumo por parte del entorno de Analítica. Los datos transaccionales también pueden ser proporcionados por fuentes externas a la organización. A la hora de definir qué objetos gobernar, es esencial tener un alto nivel de comprensión de este entorno para entender cómo se poblarán las diferentes fuentes de datos.

3.13.   Analítica

Cuando me preguntan por qué la Analítica no está dentro del área de Funciones de Gestión de Datos, respondo que no forma parte de la Gestión de Datos. Esta ha sido una discusión filosófica, ya que ambas están estrechamente relacionadas. Dado que los profesionales de la Analítica hacen tanto trabajo para encontrar, comprender y limpiar los datos, algunas personas pueden pensar que ésta es otra disciplina de la Gestión de Datos. Yo categóricamente digo que no. La Gestión de Datos es todo lo que se debe hacer a lo largo del ciclo de vida de los datos para garantizar que los datos estén sanos y en buenas condiciones de calidad para su consumo. La Analítica es el consumo de datos para obtener información del negocio, predecir el futuro, e incluso prescribir qué hacer. Los profesionales de la Analítica son consumidores de datos; son consumidores de Gestión de Datos.

Lo comparo con el *fine dining* (exquisita gastronomía). El Chef tiene como objetivo crear grandes experiencias culinarias para que las personas que disfrutan de su comida puedan contar historias inspiradoras. Usted tiene una gran experiencia cuando le ofrecen un plato creativo (arquitectura y diseño) con ingredientes de excelente calidad (calidad) combinados de una manera única y equilibrada y con un gran maridaje de vinos (integración). Nunca espera enfermarse con las comidas que recibe (seguridad), y toda la experiencia se completa con el servicio (operaciones) y la explicación de lo que está recibiendo (Metadatos). Pero la cocción y el emplatado (visualización) son los que hacen que los ingredientes estén listos para ser consumidos (analítica), y su éxito depende en gran medida de todos los elementos mencionados anteriormente (Gestión de Datos).

3.14.   Conceptos Clave

El **Marco de Referencia de Estrategias de Datos** es una estructura para visualizar los diferentes tipos de Estrategias de Datos por construir, indicando cómo se relacionan entre ellas y con otras estrategias existentes dentro de la organización.

3.15.   Para Tener en Cuenta

1. La Estrategia de Datos no es singular. Es plural. Es un conjunto de diferentes Estrategias de Datos, cada una con una perspectiva diferente.

2. Todas las Estrategias de Datos deben estar estrechamente relacionadas y alineadas con otras estrategias existentes dentro de la organización (Estrategia de Negocio, Estrategia de TI, Estrategia de Gestión de Cambios, y Estrategia de Comunicación).

3. El objetivo principal de las Estrategias de Datos es priorizar el uso de recursos limitados a través del tiempo y establecer expectativas claras. Las Estrategias de Datos deben ser democratizadas para que sean fáciles de encontrar, entender y utilizar a través de la organización.

3.16.   Entrevista sobre Estrategia de Datos

EXPERTO ENTREVISTADO: James Price[33]

James Price es un líder de opinión en Gestión de Datos con más de 30 años de experiencia en la industria de la información. Reconocido internacionalmente como autor y presentador, es el fundador de *Experience Matters*, una empresa que ayuda a las organizaciones a proteger y maximizar el valor de sus datos, información y conocimiento, para abordar el problema de que, si bien los Activos de Información son de vital importancia para las organizaciones, en general están muy mal gobernados y gestionados. Su trabajo con la Universidad de Australia del Sur (*University of South Australia*) ha sido descrito por Gartner, la firma de asesoría de la industria de TI más influyente del mundo, como «tremendo» y la investigación como «innovadora». Es coautor del Manifiesto de Datos para Líderes (*Leader's Data Manifesto*) y presidente de la Organización de Líderes de Datos (www.dataleaders.org).

---

[33] https://www.linkedin.com/in/james-price-experiencematters/

Usted tiene una vasta experiencia como consultor en el mundo de la Gestión de Datos y el mundo relacionado a los datos. ¿Con qué frecuencia encuentra una Estrategia de Datos horizontal bien definida que guíe el trabajo relacionado con datos y que responda a la estrategia de negocio en las organizaciones de sus clientes?

«El Diccionario Oxford define una estrategia como «un plan de acción diseñado para lograr un objetivo general o a largo plazo». Para evitar dudas, utilizo la definición más amplia de datos; incluye todos los datos, documentos, registros, contenido publicado y conocimiento. Una Estrategia de Datos bien definida tendrá como objetivo entregar la información correcta (de alta calidad) a las personas adecuadas (no a las personas equivocadas) en el momento adecuado (de manera oportuna y de fácil acceso).

Una Estrategia de Datos bien definida abordará los diez dominios identificados en el documento titulado "Gestión de Activos de Información en las organizaciones: Desarrollo de un modelo holístico" (*"Information Asset Management in organizations: Development of a holistic model"*).[34]

Nuestra investigación global muestra que abordar cada uno de estos dominios es crítico para el éxito de la estrategia.

Muy rara vez encuentro una Estrategia de Datos horizontal bien definida que guíe el trabajo relacionado con los datos y responda a la estrategia de negocio en las organizaciones de sus clientes. Muchas organizaciones tienen una Estrategia de Datos que aborda el dominio del Entorno de Activos de Información, que incluye el gobierno de datos y el dominio de los Sistemas de Información. Muy pocas organizaciones tienen una Estrategia de Datos que aborde los ocho dominios restantes.»

¿Cuál considera que es el rol de la Estrategia de Datos en el éxito o fracaso de una iniciativa de Transformación Basada en Datos?

«Una Estrategia de Datos es una guía crítica para una iniciativa de Transformación Basada en Datos. Provee un mapa de ruta sobre cómo alcanzar las metas de la iniciativa.

La transformación digital tiene que ver con la centralidad en el cliente y un negocio sin fricciones. No se puede hacer ninguna de las dos cosas sin una Gestión de Datos eficiente y eficaz. ¿Cómo se puede tener un enfoque centrado en el cliente si no sabes quiénes son tus clientes? ¿Cómo se puede tener un negocio sin fricciones sin acceso instantáneo a los datos, la información y el conocimiento necesario para tomar decisiones comerciales y procesar transacciones?

Una Estrategia de Datos debe articular las prácticas actuales de negocio y de datos de la organización, las implicaciones de negocio de esas prácticas, la visión a futuro de la organización,

---

[34]   https://www.experiencematters.com.au/wp-content/uploads/2021/07/Information-Asset-Maturity-Model-2021.pdf

y cómo llegar desde donde está la organización hasta donde quiere estar. Una Estrategia de Datos es un facilitador fundamental para una Transformación Basada en Datos.»

Desde su perspectiva, ¿quién considera que debe liderar la creación y el mantenimiento de una Estrategia de Datos, y qué *stakeholders* deben participar en el proceso?

«Para determinar qué *stakeholders* deben participar en el proceso de creación y mantenimiento de una Estrategia de Datos, es vital comprender la diferencia entre el gobierno del negocio, el gobierno de activos y la gestión de activos. El gobierno tiene que ver con la supervisión y el control. El gobierno del negocio tiene que ver con quién toma qué decisiones. El gobierno de activos consiste en tomar esas decisiones e implementarlas. La gestión de activos tiene que ver con las operaciones diarias.

Al gobernar la organización, el Consejo (*Board*) y el Director General (*CEO*) toman la decisión de quién va a ser el responsable de la gestión de sus activos financieros y nombran a esa persona para el cargo de Director Financiero (*CFO*). El CFO se hace verdaderamente responsable de los activos financieros y, si el CFO administra mal el dinero de la organización, será despedido, y si se lo apropia indebidamente, será encarcelado. Hay una verdadera rendición de cuentas.

Al gobernar los activos financieros de la organización, el CFO desarrolla la estrategia financiera y el presupuesto anual, delega cuidadosamente la autoridad financiera, y mide e informa sobre los ingresos y gastos.

Al gestionar los activos financieros de la organización, las personas con autoridad financiera delegada son responsables de gastar el dinero de la organización de acuerdo con la estrategia financiera y el presupuesto anual.

El modelo es idéntico para los activos de datos, de información y de conocimiento. El Consejo y el CEO deben hacer responsable a alguien por la calidad de los datos de la organización. Esa persona, el equivalente en datos del Director Financiero, tal vez el Director de Gobierno de Datos, necesita gobernar los datos. Es esta persona la que debe ser la responsable de la Estrategia de Datos, y de los instrumentos y la delegación necesarios para gestionar bien los datos. Y la responsabilidad de gestionar bien los activos de datos recae en todas las personas de la organización. En cuanto a los roles, no debemos obsesionarnos con la diferencia entre propietarios de datos, custodios de datos, y así sucesivamente; simplemente enturbia las aguas. Lo que se requiere es una rendición de cuentas y una responsabilidad claras.»

¿Cómo recomendaría a un nuevo líder de Gobierno de Datos crear conciencia y obtener la aceptación de la Alta Dirección sobre la relevancia de construir una Estrategia de Datos integral y horizontal como base para un programa de Gestión de Datos exitoso?

«La concientización y la aceptación de la alta dirección son obligatorias. Acabamos de hablar de la diferencia entre el gobierno y la gestión de empresas y activos, y de quién hace qué: el gobierno debe ser realizado por la alta dirección de la organización.

Pero hay más que eso. No tiene sentido invertir con base en proyectos; para que la transformación tenga éxito necesita una mejora continua en la gestión de datos, de información y de conocimiento. La mejora continua requiere una inversión continua. La inversión continua necesita una medición continua de la calidad de los datos y los consiguientes beneficios para el negocio. A la hora de justificar la inversión, ningún Director Financiero ni siquiera analizará un caso de negocio a menos que perciba un problema para el negocio. Una vez que se ha identificado el problema, el CFO debe estar convencido de que se logrará un retorno de la inversión aceptable. Y el CFO solo reinvertirá si se obtienen los beneficios proyectados, no solo para el proyecto inicial, sino a lo largo del tiempo.»

4. Estrategias de Datos: A Quién Involucrar

«El enfoque de diplomacia trata de reducir las formalidades y omitir las partes coercitivas del Gobierno de Datos tradicional»

Håkan Edvinsson

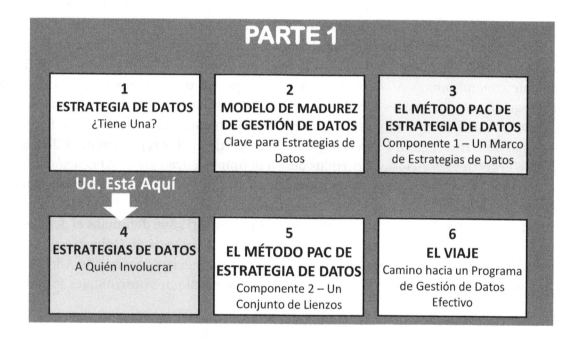

4.1.   ¿Quién Debe Definir las Estrategias de Datos?

Generalmente, las estrategias de negocio son definidas exclusivamente por un número limitado de personas de alta dirección. La élite. Las estrategias de negocio rara vez se comunican ampliamente en toda la organización debido a un velo de secreto. La «Estrategia de Datos», si es que existe algo con ese nombre, a menudo se centra en la tecnología definida por la alta dirección de TI. Sería más exacto llamarlo «estrategia de tecnología». Pero queremos una Estrategia de Datos integrada y totalmente alineada con la estrategia de negocio que tenga en cuenta todas las partes de la organización; que aborde los datos necesarios, los principios, la propuesta de valor, las capacidades requeridas, la priorización de recursos, las iniciativas estratégicas y las métricas, y que responda a las necesidades de negocio y a los puntos de dolor relacionados con datos. Entonces, ¿quién debería definirla?

Durante mis primeros años en TI en un banco, fui testigo de cómo cada año un equipo muy selecto realizaba un *Tech Tour* para explorar nuevas tecnologías para apoyar la Estrategia de Negocio, que era, en el lado del negocio, definida por otro equipo selecto. Los resultados podrían haberse comunicado ampliamente, pero no lo fueron. Y esta es la historia de muchas organizaciones. Si revisamos la historia, la idea central detrás de una estrategia era mantenerla en secreto. Como aconsejó Sun Tzu en el siglo V a.C.: «Oculta tus disposiciones, y tu condición permanecerá en secreto, lo que conduce a la victoria; muestra tus disposiciones y tu condición se hará patente, lo que te llevará a la derrota.»

A menudo pensamos en la estrategia en términos de competencia con otras organizaciones. Eso es parte de ello: obtener una ventaja competitiva significa que uno no muestra su mano. Pero también es vital que la organización pueda EJECUTAR la estrategia. Eso significa que las personas de la organización deben entenderla. A diferencia del enfoque de Sun Tzu, creo que las Estrategias de Datos tienen que democratizarse, no ocultarse. Deben estar claramente definidas, ampliamente comunicadas, y accesibles para todos los que las usan. Democratizar la Estrategia de Datos requiere involucrar a los creadores/productores de datos y a los consumidores de datos en una colaboración que sirva a los mejores intereses de la organización. El Marco de Referencia de Estrategias de Datos (Figura 13 en el Capítulo 3) muestra que los representantes de todas las unidades de negocio y servicios compartidos deben definir la Estrategia de Alineación de Datos (el nivel más alto de la Estrategia de Datos). Estos representantes deben ser capaces de hablar de sus puntos de dolor relacionados a datos. Como se ilustra en la Figura 15, el tipo y el número de partes interesadas (*stakeholders*) directas disminuyeron a medida que definimos el detalle de las otras Estrategias de Datos (Estrategia de Gestión de Datos, Estrategia de Gobierno de Datos, y cada Estrategia de Función de Gestión de Datos). Pero dado que la Estrategia de Alineación de Datos impulsa las otras estrategias, la conexión con los requerimientos horizontales se mantiene.

El libro *Open Strategy* describe cómo es que las compañías ganadoras se mantienen a la vanguardia de la disrupción a través de la apertura (Stadler, Hautz, Matzler, & Friedrich von den Eichen, 2021). El primer caso de estudio describe el enfoque en estrategia de Ashok Vaswani cuando tomó el mando del minorista británico Barclays en 2012:

Vaswani creía que había una mejor manera de definir estrategias. Si los empleados base participaran en la elaboración de la estrategia desde el principio, se sentirían más involucrados en ella, la entenderían mejor y harían todo lo posible para ejecutarla. Mientras tanto, los líderes podrían elaborar planes más matizados si estuvieran expuestos a las preocupaciones más prioritarias, y podrían comunicar mejor la estrategia.

¡Así fue exactamente como me acerqué a las Estrategias de Datos! Las Estrategias de Datos deben ser abiertas y representar a la organización de manera holística. Lograr la apertura comienza con la identificación de quién debe participar en la definición de cada Estrategia de Datos. Como se describe en el Capítulo 7, el enfoque recomendado para definir las Estrategias de Datos es a través de sesiones de talleres.

La Figura 15 ilustra cómo identificar a los *stakeholders* para que contribuyan a las definiciones de la Estrategia de Datos. Los detalles variarán según la organización. Aunque este modelo se desarrolló para una organización mediana a grande, las organizaciones pequeñas a medianas también pueden usar el modelo. A medida que identifique a los *stakeholders*, tenga en cuenta quién aborda los diferentes aspectos implicados en la gestión de la organización, como las operaciones, las finanzas, el gobierno, la mercadotecnia, y así sucesivamente. Aborde este proceso con el sentido de apertura necesario para definir cada tipo de Estrategia de Datos, como se describe a continuación.

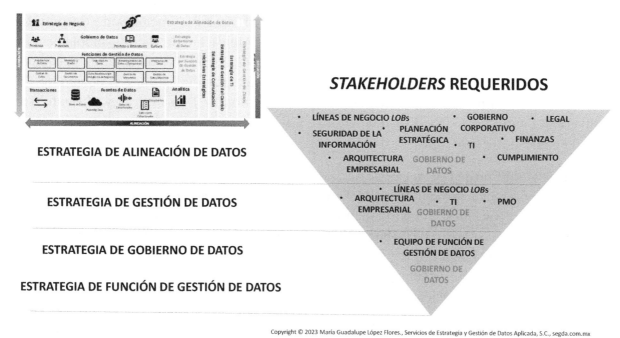

Figura 15 Estrategias de Datos - *Stakeholders* Requeridos

Estrategia de Alineación de Datos: Como se discutió en el Capítulo 3, ésta debe ser definida primero porque da dirección a las otras estrategias. Este proceso identificará:

- Los dominios de datos requeridos para abordar las motivaciones de la organización (objetivos estratégicos del negocio)

- Comportamientos relacionados a datos por modificar o adoptar

- Puntos de dolor relacionados a datos

Esto requiere representantes de toda la organización (diferentes líneas de negocio (*Lines of Business*, o *LOB*, por sus siglas en inglés], Finanzas, Legal, Recursos Humanos, TI, Gobierno de Datos, cualquier unidad relacionada con datos, Arquitectura Empresarial o unidad similar con una visión global de la organización, etc.). Los puntos de dolor relacionados a datos pueden existir en todas partes.

Los *stakeholders* que definen la Estrategia de Alineación de Datos deben establecer un entendimiento común de los 3-5 objetivos estratégicos de negocio de máxima prioridad. Con un acuerdo sobre las metas estratégicas de negocio; los *stakeholders* pueden priorizar la motivación, los comportamientos y los puntos de dolor relacionados a datos. Estas prioridades serán el insumo principal para definir la Estrategia de Gestión de Datos.

Estrategia de Gestión de Datos: El insumo principal para definir la Estrategia de Gestión de Datos es la lista priorizada de motivaciones para gestionar datos, los comportamientos relacionados con datos por modificar o adoptar, y los puntos de dolor relacionados a datos. Podemos identificar a los *stakeholders* del negocio para priorizar las funciones de Gestión de Datos en función de la priorización definida a través de la Alineación de Datos. Complementar este equipo con el equipo de Gobierno de Datos y los *stakeholders* de TI es obligatorio. El equipo de Gobierno de Datos supervisará la ejecución de las Estrategias de Datos, y el equipo de TI deberá dar soporte a la tecnología necesaria para una Gestión de Datos eficaz y eficiente. La Arquitectura Empresarial deberá mantener una visión de negocio que describa el alcance holístico de la Estrategia de Datos.

Estrategia de Gobierno de Datos: La Estrategia de Alineación de Datos y la Estrategia de Gestión de Datos proporcionan insumos para la Estrategia de Gobierno de Datos, incluidas listas priorizadas de motivaciones, comportamientos y puntos de dolor relacionados con datos. Uno de los objetivos de la Estrategia de Gobierno de Datos es definir los datos y los objetos que se van a gobernar (por ejemplo, reportes regulatorios, repositorios de datos, procesos de negocio, etc.), así como las capacidades que se gobernarán a lo largo del tiempo. Esta definición incluye los roles necesarios para ejecutar capacidades.

Dado que los miembros del equipo de Gobierno de Datos orquestan la definición de las Estrategias de Datos, ellos conocerán y comprenderán la Estrategia de Alineación de Datos, y podrán usarla para definir la Estrategia de Gobierno de Datos. De acuerdo con el enfoque de estrategia abierta, todos los miembros del equipo de Gobierno de Datos contribuyen a esta estrategia, no solo el Líder de Gobierno de Datos.

Estrategia de Funciones de Gestión de Datos: Los *stakeholders* para cada Estrategia de Funciones de Gestión de Datos (Arquitectura de Datos, Modelado de Datos, Integración de Datos, Calidad de Datos, etc.) deben componer el equipo que ejecuta la Función de Gestión de Datos más el Equipo de Gobierno de Datos o, al menos, su líder.

4.2.   Líder de Gobierno de Datos: Orquestador Maestro

Muchas personas tienen un interés en definir las Estrategias de Datos, pero el proceso no sucederá mágicamente solo porque reconozcan este interés. Alguien debe orquestar el proceso de articulación de las estrategias, asegurando su ejecución y evolucionándolas a lo largo del tiempo. Esta orquestación es responsabilidad del Líder de Gobierno de Datos. Esta función incluye:

- Involucrar a *stakeholders*
- Asegurarse que las estrategias estén documentadas
- Actuar como custodio de las Estrategias de Datos
- Socializarlas y comunicarlas
- Asegurarse que sean insertadas en la Planeación Estratégica Anual del Negocio

Estas actividades requieren tratar a los datos como un «activo estratégico».

Durante años, el papel del Líder de Gobierno de Datos ha estado estrechamente asociado con la elaboración de políticas y estándares, la supervisión del ecosistema de datos y el abordaje de los problemas de datos. En muchas organizaciones, el equipo de Gobierno de Datos se percibe como coercitivo, imponiendo requerimientos que la mayoría de las personas no entienden y no ven ningún propósito en cumplirlos. Esto crea una resistencia considerable a las iniciativas de Gobierno de Datos y a seguir las instrucciones del equipo. Håkan Edvinsson aboga por el beneficio de llevar los principios diplomáticos al Gobierno de Datos. Como señala, «centrarse en los errores de datos es dar al gobierno de datos una ambición muy baja; implicaría pasar de lo malo a lo no malo». (Edvinsson H. , 2020) El papel del Gobierno de Datos debería ser mucho más amplio. Debe guiar la evolución del panorama y la cultura de datos facilitando la alineación de las Estrategias de Negocio y de Datos.

Si nos fijamos de nuevo en la Rueda DAMA Evolucionada (ver Figura 11 en el Capítulo 3), el círculo exterior contiene todos los temas que el Gobierno de Datos debe promover en la organización. Esto va mucho más allá de las políticas. En la Figura 16, observe que el círculo exterior incluye el tema de la Estrategia, lo que refuerza mi punto de vista de que los Líderes de Gobierno de Datos (y sus equipos) «orquestan» las Estrategias de Datos.

El rol del Líder de Gobierno de Datos en orquestar la definición, la comunicación, el mantenimiento y la ejecución de las Estrategias de Datos es retador. Al igual que implementar un Programa de Gestión de Datos efectivo o sostenible. Los mayores retos incluyen:

- Establecer liderazgo y compromiso por parte de la alta gerencia

- Definir una clara Estrategia de Datos y diseminarla ampliamente

- Describir un caso de negocio para el financiamiento continuo del programa

- Identificar datos críticos para los cuales sea coherente mantener control de la Calidad de Datos

- Planear la obtención de mejores datos y conseguir personas para implementar planes

- Gestionar Metadatos con la misma atención que se gestionan Datos

- Desarrollar una sólida alianza entre Negocio y TI para una Gestión Multifuncional de Datos

- Gestionar Datos a través de todo su Ciclo de Vida

- Obtener la tecnología que permita tener soporte efectivo y ágil

- Conseguir una Estrategia de Comunicación efectiva

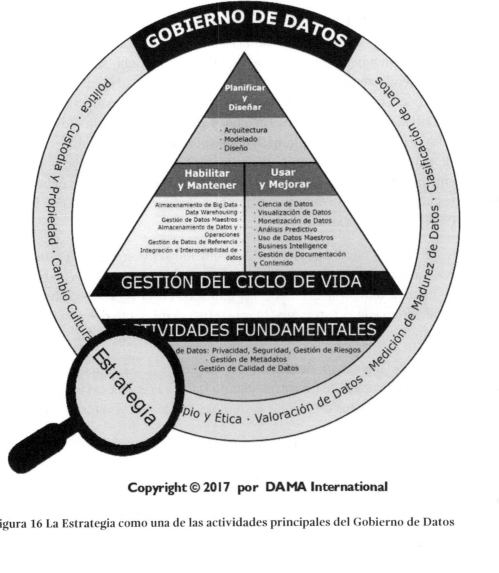

Figura 16 La Estrategia como una de las actividades principales del Gobierno de Datos

El equipo de Gobierno de Datos contribuye significativamente a definir una Estrategia de Datos clara (segunda viñeta). Para superar este punto, algunos retos específicos aparecen:

- Llamar la atención de los *stakeholders* correctos para participar en la definición de la Estrategia de Datos

- Generar una Estrategia de Datos alineada con la Estrategia de Negocio

- Guiar y monitorear el uso de datos en alineación con la Estrategia de Negocio como parte de la ejecución de la Estrategia de Datos

- Gobernar con base en los principios definidos al producir la Estrategia de Datos para tratar a los datos como un activo

- Definir políticas y una manera de asegurar su cumplimiento, de acuerdo con la priorización definida en la Estrategia de Datos

- Evitar la creación de un gobierno coercitivo mientras se desarrolla un sentido de propiedad

- Ser flexible y lograr el grado apropiado de formalidad sin caer en controles rígidos que puedan ser rechazados

- Adoptar un modelo simple de gobierno que las personas puedan usar mientras tienen en cuenta la cultura organizacional y aprovechan las estructuras y procesos existentes

- Generar métricas que muestren la efectividad del enfoque en lugar de simplemente contar lo que resulta fácil de contar

- Asegurar que la Estrategia de Datos quede incrustada en la Planeación Estratégica del Negocio

- Garantizar la ejecución de la Estrategia de Datos

- Comunicar efectivamente la Estrategia de Datos, el progreso de su ejecución, y su valor

El Capítulo 7 detalla los pasos necesarios para producir las Estrategias de Datos, comunicarlas, e incrustarlas en la Planeación Estratégica del Negocio. El «Orquestador de Estrategias de Negocios» será fundamental para el éxito de este proceso.

4.3.   Reclutando *Stakeholders*

Como se discutió en la sección 4.1, es esencial identificar quiénes deben participar en la definición de la Estrategia de Alineación de Datos, ya que algunos de estos *stakeholders* también contribuirán a las Estrategias de Datos posteriores, como la de Gestión de Datos, la de Gobierno de Datos, y las estrategias de funciones específicas. En este punto no hay un requerimiento estricto en cuanto al nivel de los *stakeholders* en la organización. Lo que es más importante es que cada participante tenga cierta influencia, posea un profundo conocimiento de los procesos del negocio, y comprenda los puntos de dolor relacionados a datos. Lo más probable es que el equipo incluya a personas tanto de liderazgo como de operaciones. El requerimiento principal es que las personas involucradas en este trabajo comprendan completamente los procesos que les interesan y los datos que necesitan para respaldar dichas operaciones. En general, deben comprender los problemas a los que suelen enfrentarse con respecto a datos. Podemos identificar a estos actores clave presentando el caso de negocio para la producción de Estrategias de Datos en una reunión del órgano de gobierno de la Alta Dirección. Es esencial conseguir la aceptación y el compromiso de los líderes para obtener financiamiento y establecer prioridades para que los *stakeholders* participen en este proceso.

Veremos en el Capítulo 6 que antes de intentar definir una Estrategia de Datos, debemos asegurarnos de una comprensión básica de los conceptos de datos a través de toda la organización y evaluar dónde se encuentra actualmente la organización con respecto a la práctica de la Gestión de Datos. Hoy en día, la mayoría de las organizaciones tienen al menos algunas funciones de Gestión de Datos. Durante las sesiones de capacitación y evaluación de madurez podemos invitar a algunos actores clave a definir Estrategias de Datos. Su participación en las sesiones de formación y evaluación refleja su conocimiento y dominio de los procesos y los problemas del negocio a los que suelen enfrentarse en materia de datos. Estos pasos de formación y evaluación no deben saltarse. Estos procesos también contribuirán a desarrollar un lenguaje común en torno a los datos, que es fundamental para una cultura basada en datos. Es importante destacar que estas sesiones con relación al estado actual pueden ayudarlo a identificar a las personas que pueden contribuir a las estrategias.

4.4.   Un Verdadero Patrocinador no Sólo es un Proveedor de Fondos

Por supuesto, para empezar a trabajar en Estrategias de Datos, necesitamos contar con la aceptación de la Alta Dirección, lo que puede ser un reto. La mayoría de los altos directivos dirán que los datos son fundamentales y que es prioritario disponer de datos para respaldar las decisiones del negocio. Sin embargo, asignar a personas clave para atender reuniones y definir Estrategias de Datos es otra historia.

¿Cómo podemos conseguir la aceptación de la Alta Dirección para trabajar en una Estrategia de Datos holística? La clave está en los puntos de dolor relacionados con datos. Como señala Håkan Edvinsson, no solo son significativos los puntos de dolor actuales, sino que también lo son los puntos de dolor que pueden aparecer en el camino si no se implementa una buena Estrategia de Datos. Una perspectiva estratégica ayuda a una organización a anticipar y mitigar los tipos de problemas que probablemente surjan de sus elecciones. Por lo tanto, debemos centrarnos en prevenir las debilidades a largo plazo y abordar la debilidad actual. Al igual que muchas personas cuando se refieren al dolor físico, las organizaciones quieren resolver un problema específico (por ejemplo, tiempo de respuesta alto para el usuario al acceder a informes o paneles de inteligencia del negocio). No siempre piensan en prevenir problemas futuros. La mayoría de las personas con las que he contactado están de acuerdo en que tener una buena Estrategia de Datos es importante, pero no la crean porque piensan que lleva demasiado tiempo y no resuelve sus problemas inmediatos.

Muchas empresas realizan importantes inversiones en plataformas tecnológicas para resolver problemas de datos, obtener información precisa sobre la organización y tomar mejores decisiones. La mayoría de las veces, estas inversiones terminan en decepción y frustración. Casi todas las organizaciones tienen al menos una historia sobre el fracaso para obtener valor de una inversión en tecnología. Éstas pueden aprovecharse para documentar casos de negocio para enfoques alternativos. Estos casos de negocio para el desarrollo de Estrategias de Datos deben abordar el costo de los problemas de datos actuales, el costo potencial de no tener Estrategias de Datos y el valor de un enfoque definido.

De la misma manera que una persona podría enfrentar efectos severos si continúa tomando analgésicos sin encontrar y tratar adecuadamente la causa raíz de su dolor, una organización puede perder su tiempo y talento si no aborda los datos estratégicamente. Debemos encontrar una manera de describir las consecuencias a largo plazo de esta falta de visión estratégica sobre datos. La mayoría de las organizaciones necesitan un enfoque que combine el alivio inmediato a corto plazo y la prevención a largo plazo.

Encontrar el patrocinador principal es esencial. No hay una regla sobre dónde debe ubicarse el patrocinador principal, aunque siempre es mejor si el patrocinio está en el lado de Negocio en lugar de TI. Si bien el financiamiento es importante, no es todo lo que buscamos. También necesitamos a alguien genuinamente interesado en ver el progreso realizado, que pueda hacer preguntas profundas sobre el trabajo realizado y compartir los logros y beneficios con la organización en diferentes foros. Otros patrocinadores que no necesariamente proporcionan fondos pueden ser socios estratégicos. Por lo general, se trata de altos directivos de las unidades del negocio en las que se encuentran la mayoría de los problemas relacionados a datos. Participarán y apoyarán iniciativas de Gobierno de Datos o de Gestión de Datos que reduzcan su dolor. Una vez que sientan el beneficio, serán los mejores defensores de los beneficios de una Estrategia de Datos ejemplar en el éxito de cualquier iniciativa relacionada con datos.

4.5.   Factores Clave de Éxito

Al aplicar el **Método PAC de Estrategia de Datos** en diferentes organizaciones, he encontrado algunos factores de éxito comunes, que incluyen:

- **Obtener Aceptación de la Estrategia de Datos:** Si la alta administración no está convencida en invertir fondos y tiempo de personas clave en la producción de Estrategias de Datos, no será fácil desarrollarlas, al menos no en una manera holística, horizontal y abierta.

- **Planear para el Éxito:** Una vez que hay aceptación, se requiere una planificación detallada y cuidadosa para cumplir la promesa y hacer el trabajo de una manera pragmática y ágil. Se debe tener mucho cuidado en la programación de reuniones, el envío adecuado de invitaciones y la garantía de que los invitados estén bien informados sobre el propósito, el proceso y los compromisos de tiempo. Deben recibir un mensaje poderoso de la alta administración que los anime a asistir. La planificación debe incluir cómo socializar los resultados, recopilar aprobaciones y difundir las Estrategias de Datos a lo largo de toda la organización.

- **Obtener un Mensaje Grabado de un *Stakeholder*:** Un video de tres minutos, que incluya un mensaje contundente que destaque la relevancia de los datos y cómo se tratan en toda la organización, será un buen activo reutilizable para las comunicaciones. Esta es una forma pragmática y factible de abrir reuniones con nuevas audiencias, con un fuerte mensaje de compromiso y aliento para tener mejores datos en la organización. Esto será de gran ayuda para obtener un compromiso de los *stakeholders*.

- **Organizar una Reunión Inicial (*Kick off*):** Una forma fácil y pragmática para poner a trabajar a los *stakeholders* asignados a la definición de las Estrategias de Datos es tener una presentación de introducción durante una reunión gerencial existente. Este tiempo puede utilizarse para que la gerencia identifique y asigne *stakeholders* para realizar el trabajo.

- **Ajuste de Nivel de Entendimiento de Conceptos de Gestión de Datos:** Este es otro aspecto vital para facilitar la participación de *stakeholders*. Empiece con un ajuste de nivel de entendimiento de conceptos básicos de Gestión de Datos. Esto mejorará la habilidad de los *stakeholders* para definir las Estrategias de Datos y acortará el tiempo requerido.

- **Adoptar un Modelo de Madurez de Gestión de Datos:** Cualquiera que sea el modelo seleccionado, usar capacidades recomendadas como hitos ancla ayudará a priorizar el establecimiento y despliegue de disciplinas a lo largo de la línea del tiempo.

- **Abordar a Patrocinadores No Fondeadores:** Durante la definición de una Estrategia de Alineación de Datos es muy factible identificar aquellos patrocinadores que no proporcionarán el financiamiento, pero serán alentadores. Ellos necesitan ser involucrados de primera mano para convertirlos en defensores de las Estrategias de Datos.

- **Abordar la Comunicación Institucional:** Si existe una unidad de Comunicación Institucional dentro de la organización, ésta debe involucrarse lo antes posible en la iniciativa de Estrategias de Datos para ayudar a comunicar las Estrategias de Datos a través de la organización.

- **Crear Conciencia sobre el Ciclo Annual de la Estrategia de Datos:** Debemos tratar las Estrategias de Datos como cualquier otra estrategia organizacional. Debemos revisitarlas y ajustarlas cada año. Los *stakeholders* deben enteder sus roles y responsabilidades en este proceso.

- **Abordar una Planeación Estratégica:** Para cerrar el ciclo, quien supervise la Planeación Estratégica del Negocio debe ser involucrado para garantizar que las Estrategias de Datos sean incluidas en la planeación tanto en curso como anual.

 ## 4.6.   Conceptos Clave

El **Orquestador de Estrategias de Datos** es la persona que identifica y aborda a los *stakeholders* para participar en la definición de las Estrategias de Datos. Este rol incluye facilitar el proceso, comunicar las Estrategias de Datos resultantes, y supervisando su ejecución. Éste es usualmente el Líder de Gobierno de Datos.

 ## 4.7.   Para Tener en Cuenta

1. Los *stakeholders* clave deben proveer insumos y retroalimentación cuando las Estrategias de Datos sean definidas.

2. El Líder de Gobierno de Datos, o su rol equivalente, es el más adecuado para orquestar y supervisor la participación de *stakeholders* clave en la definición de Estrategias de Datos

3. Sesiones de entrenamiento y evaluación de madurez en Gestión de Datos son buenos foros para identificar algunos *stakeholders* clave para participar en la definición de Estrategias de Datos.

4.8.   Entrevista sobre Estrategia de Datos

EXPERTO ENTREVISTADO: **Håkan Edvinsson**[35]

Håkan Edvinsson es un consultor en Gestión de Datos especializado en Gobierno de Datos y Modelado de Decisiones. Es autor de *Data Diplomacy*, donde sugiere cómo la innovación y la transformación empresariales se relacionan con el Gobierno de Datos no coercitivo. Su mensaje clave es que esto se puede hacer utilizando un enfoque diplomático, evitando la burocracia y teniendo la organización de Gobierno de Datos más ágil posible. También es un reconocido entrenador y orador.

Dada su rica experiencia como consultor en el mundo del Gobierno de Datos y la Arquitectura de Datos, ¿con qué frecuencia encuentra una Estrategia de Datos horizontal bien definida (considerando a toda la organización) que guíe el trabajo relacionado con datos y responda a la estrategia de negocio en las organizaciones de sus clientes?

«Solía ser raro, o incluso inexistente. Hoy en día, las grandes organizaciones expresan a menudo sus ambiciones de tener los datos como su "recurso natural" vital del que se extraerán fortunas. Y se invierte mucho dinero y esfuerzo en ello. Uno de mis clientes en la industria automotriz ha expresado que el 50% de los ingresos provendrán de los servicios en 2030 en lugar de solo de los vehículos. Otros clientes están formando estrategias similares. Sin embargo, no todas las industrias son tan progresistas.

Hasta ahora, las inversiones con las que me encuentro son para Arquitectura de Datos y no consideran el Gobierno de Datos. Para ser franco, está centrado en TI, por lo que no me referiría a ella como "una Estrategia de Datos horizontal bien definida", ya que dicha estrategia, o su implementación, es demasiado limitada.

Como dijo el profesor James H. Davenport: "En una conferencia de plomeros nadie habla de agua limpia" cuando se refiere a los profesionales de TI como plomeros (centrados en almacenes, tuberías y accesorios).»

¿Cuál considera que es el rol de la Estrategia de Datos en el éxito o fracaso de una iniciativa de Transformación Basada en Datos?

«Creo que no separar la Estrategia de Datos de otras estrategias en la organización es vital. Los "datos" no son algo separado, ya que los datos reflejan lo que está sucediendo en una empresa y con lo que lidia la organización. Una transformación exitosa centrada en datos requiere conocimientos profundos en los datos, que a su vez es tener conocimientos en las operaciones detalladas del negocio. Mi receta es no solo involucrar el conocimiento del negocio, sino hacer

---

[35] Håkan Edvinsson. https://www.linkedin.com/in/hakanedvinsson/

que el negocio sea responsable de él. Es una estrategia de negocio, no una estrategia de TI. Esto es aplicable en cualquier transformación de negocio.

En última instancia, no necesitamos una Estrategia de Datos; más bien, tenemos estrategias de negocio que también consideran a los datos.

Basta con mirar a una empresa de servicios públicos. Puede comprar energía que ponen en su red y distribuye a sus clientes. Todo su negocio es en realidad datos sobre la energía; ¿cuánto compramos y cuánto consumieron nuestros clientes? Las medidas de miles de medidores se recopilan, procesan y luego forman la base para las transacciones financieras. En un entorno así, nunca se separa la energía de los datos sobre la energía, en ningún paso.

Las organizaciones que ahora se están centrando en los datos tienden a pasar por alto este punto simplemente porque nunca tuvieron este tipo de datos.»

Desde su perspectiva, ¿quién considera que debe liderar la creación y el mantenimiento de una Estrategia de Datos, y qué *stakeholders* deben participar en el proceso?

«Empecemos por lo que es una estrategia; es el medio expreso para lograr los resultados deseados en una perspectiva a largo plazo. Una estrategia es siempre algo que concierne al nivel de la junta directiva y, por lo tanto, se decide en ese nivel. Creo que aquellos que están activos en la calidad de datos y el gobierno de datos deben dar su opinión a la estrategia, complementando las intenciones orientadas a la TI del negocio. Por lo tanto, roles como los líderes de gobierno de datos, los arquitectos empresariales en jefe y los arquitectos de datos empresariales deben influir en una Estrategia de Datos.

El aspecto más importante de una estrategia es la implementación de ésta. Una Estrategia de Datos debe traducirse en directrices de proyecto, descripciones de puestos, indicadores de rendimiento, y así sucesivamente. En mi experiencia, no es inusual que todo parezca estar en su lugar, y aun así no suceda nada. Por lo tanto, propongo que una estrategia no solo debe tener indicadores que muestren si es exitosa o no, y si es la estrategia correcta o no. También debemos tener indicadores que muestren si realmente lo estamos implementando o no.

Mi principio general es que estos indicadores se formen y se mantengan vivos cerca de su fuente natural, como cerca de las iniciativas de transformación cuando se identifican, planifican, forman, ejecutan y evalúan. Esto incluiría roles como patrocinadores y gerentes de cartera de proyectos.»

¿Cómo recomendaría a un nuevo líder de Gobierno de Datos crear conciencia y obtener la aceptación de la Alta Dirección sobre la relevancia de construir una Estrategia de Datos integral y horizontal como base para un programa de Gestión de Datos exitoso?

«Que haga su tarea; si la calidad de los datos es un problema, ¿qué tan mala es? ¿Cuáles son las implicaciones comerciales de eso? Si la forma normal de mejorar la arquitectura de datos no la está ayudando, ¿por qué? ¿Cuál es el punto de partida para la transformación que, hasta ahora, falta en la supervisión de los datos del negocio?

Antes de acercarse a la alta dirección, comprenda cuál es su posición al respecto. ¿Cuál es su idea sobre la transformación que les espera? ¿Qué saben sobre el tema? Empiece con su estado actual y use lo que ya existe. Por ejemplo, sus inquietudes, sus desafíos y lo que los motiva. Hable su idioma. Si tiene que educarlos para que entiendan lo que está proponiendo, está en el camino equivocado.»

5.El Método PAC de Estrategia de Datos: Componente 2 – Un Conjunto de Lienzos

«Una comunicación efectiva ayuda a mantener al equipo trabajando en los proyectos correctos con la actitud correcta»

Alex Langer

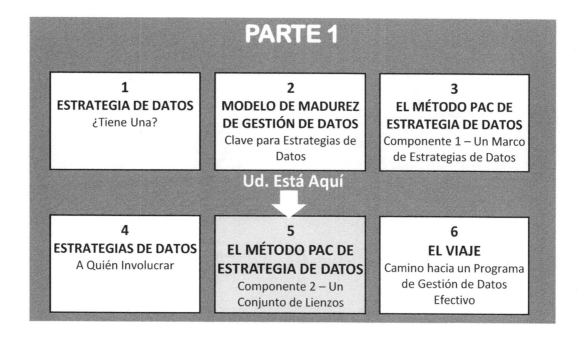

5.1.   Lienzo de Modelo de Negocios, la Fuente Principal de Inspiración

En el Capítulo 4 discutimos la importancia de una Estrategia de Datos abierta. Una en la que muchas personas contribuyan, entiendan y participen. Una que esté democratizada. Una vez que definimos las Estrategias de Datos, el siguiente desafío es comunicarlas de manera efectiva, especialmente a las personas que deben ejecutarlas. Si bien la información llena nuestras vidas, tendemos a leer menos. Al menos dedicamos menos tiempo a leer un solo documento. Seguimos pasando de un tema a otro en cuestión de minutos. Por lo tanto, compartir información relevante y sintetizada en una sola diapositiva es poderoso. Esta necesidad de información sintetizada se abordó en *The Business Model Canvas* (Lienzo de Modelo de Negocios) (Alexander Osterwalder, 2005), que describe cómo «pintar» información esencial acerca de un negocio en una sola diapositiva (Figura 17).

He estado usando el *Business Model Canvas* desde 2006. En primer lugar, para entender qué debo hacer a la hora de iniciar una nueva función en la vida corporativa o a la hora de iniciar un proyecto emprendedor. La técnica me ayuda a entender claramente quiénes son mis clientes, qué propuesta de valor puedo ofrecerles, y a través de qué recursos y actividades. A partir de ahí, puedo explicárselo a los demás sin rodeos.

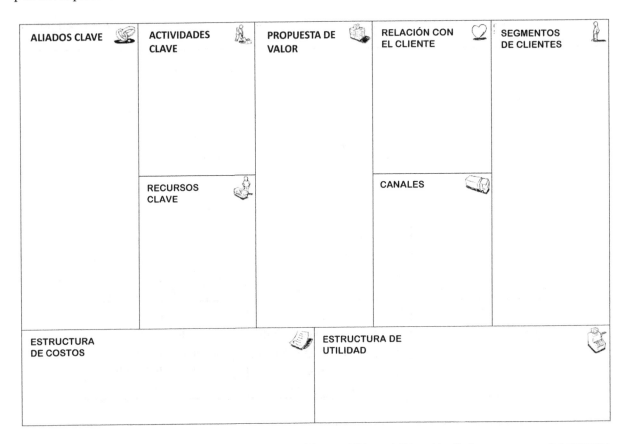

The Business Model Canvas CC License A. Osterwalder, Strategyzer.com www.strategyzer.com

Figura 17 Lienzo de Modelo de Negocio de Alexander Osterwalder

El concepto del lienzo ha evolucionado significativamente desde que Osterwalder describió por primera vez el *Business Model Canvas*. En la página de *MBA Management Models* puede encontrar el Lienzo de Modelo de Caso de Negocio (*Business Case Model Canvas*).[36] Los profesionales en

---

[36] https://www.mbamanagementmodels.com/business-case-canvas/

Gestión de Proyectos utilizan Lienzos de Proyecto (*Project Canvases*).[37] Busque en Internet y encontrará lienzos de temas muy diversos. Todos los Modelos de Lienzos comparten una idea común: simplificar la comunicación de un modelo y aumentar la posibilidad de tener un entendimiento común.

Algunos equipos no logran unirse y colaborar porque no entienden su propósito principal: a quién sirven y cómo sirven a sus clientes. Un lienzo puede ayudar a establecer expectativas entre las personas involucradas en las actividades descritas por el lienzo y los clientes de esas actividades.

Este capítulo presentará y explicará cómo los **Lienzos de Estrategia de Datos** pueden comunicar los diferentes niveles de las Estrategias de Datos alineadas descritas en el Capítulo 3. El objetivo es describir cada estrategia en una sola diapositiva. Producir un lienzo efectivo requiere mucho trabajo de escritorio tras las sesiones tipo taller. Se requiere sintetizar múltiples insumos mientras se mantiene claro su significado. (Discutiremos la metodología de implementación en el Capítulo 7).

5.2.   Insumos para las Estrategias de Datos

Las Estrategias de Datos deben alinearse con las Estrategias de Negocio. Asegúrese de que la alineación comience con la identificación de los Objetivos Estratégicos del Negocio. Estos Objetivos no siempre están documentados. En algunos casos, pueden publicarse internamente, pero no se trata de una práctica generalizada. Más a menudo, necesitamos preguntar acerca de ellos porque (como se discutió en el Capítulo 4) están envueltos en secreto. Los Objetivos Estratégicos de Negocio son fundamentales en el Lienzo de Estrategia de Alineación de Datos (consulte la sección 5.3). Debemos hacer referencia a ellos al definir las Estrategias de Datos descritas en el Capítulo 3 (El Marco de Referencia de Estrategias de Datos).

Si bien son esenciales, los Objetivos Estratégicos de Negocio no son el único impulsor de las Estrategias de Datos. Los insumos adicionales incluyen:

- Preguntas de Negocio
- Puntos de Dolor Relacionados a Datos
- Motivaciones
- Comportamientos por modificar

Éstos no se encontrarán escritos en ningún lugar y deben ser descubiertos a través de sesiones guiadas con personas interesadas (*stakeholders*) clave (ver Capítulo 4).

---

[37] https://bit.ly/3dbW4Md

5.2.1 Preguntas de Negocio

Las personas en los niveles de liderazgo de toda la organización hacen preguntas a diario. Estas son preguntas de negocio relacionadas con su alcance específico de responsabilidad. En la mayoría de los casos, estas preguntas se pueden responder con activos de información actuales, como informes, tableros de control y aplicaciones interactivas. Pero responderlas puede llevar mucho tiempo (por ejemplo, el informe de segmentación de clientes puede estar disponible dos semanas después de fin de mes). En otros casos, la organización no dispone de los datos necesarios para responder a las preguntas.

Algunos ejemplos de estas preguntas son:

- ¿Cómo se compara la rentabilidad actual del producto X con su rentabilidad dos años atrás?
- ¿Cuál es la rentabilidad de las sucursales en zonas con mayores niveles de inseguridad?
- ¿Cuál es el promedio de productos adquiridos por un mismo cliente?
- ¿Cuáles son los canales utilizados por los clientes más rentables?
- ¿Hay alguna relación entre las ausencias de los estudiantes con los resultados de sus exámenes?
- ¿Cuántos clientes inactivos han sido reactivados en el último mes?
- ¿Qué infraestructura se utiliza en las sucursales más rentables?
- ¿Cuáles son los códigos postales de los clientes más frecuentes?

Enumerar y priorizar las preguntas de los líderes a través de toda la empresa es el primer paso para identificar el tipo de datos necesarios para responderlas, incluso si los datos aún no existen en la organización. Al definir las Estrategias de Datos, no queremos ir al nivel de los elementos de datos. En su lugar, comience con categorías amplias de datos (dominios como clientes, cuentas, pedidos, proveedores, productos, sucursales, etc.) necesarias para responder a las preguntas de negocio. La prioridad de las preguntas influirá en la prioridad de los dominios de datos en las Estrategias de Gestión de Datos y de Gobierno de Datos.

5.2.2 Puntos de Dolor Relacionados a Datos

Los puntos de dolor relacionados a datos son un insumo importante para las Estrategias de Datos. Empiece con asuntos que actual y directamente impacten a la organización. Por ejemplo:

- Reportes inconsistentes presentados por Ventas, Finanzas y Operaciones
- Un incremento en multas incurridas por un banco por presentar datos de baja calidad al Buró de Crédito
- Una baja tasa de capacidad de contacto con el cliente por parte de una compañía de seguros
- Inventario inexacto debido a métodos inconsistentes de identificación de productos

Cada unidad dentro de la organización tendrá puntos de dolor. Tendrá que ser muy selectivo a la hora de abordarlos. Aquellos con el mayor impacto deben ser la máxima prioridad. Comprender el impacto y priorizar los elementos de acción requiere la participación de los mismos *stakeholders* vitales que priorizaron las Preguntas de Negocio.

Si bien debe comenzar con los puntos de dolor actuales, el proceso también debe identificar los riesgos; es decir, los problemas que no son evidentes en este momento, pero que pueden convertirse en puntos de dolor graves, con efectos dramáticos si no se mitigan a través de la Estrategia de Datos. Por ejemplo:

- Requerimientos de cumplimiento nuevos o emergentes
- Regulaciones que aún no han sido abordadas
- Iniciativas para volverse globales que no consideren regulaciones de otros mercados
- Falta de centralización de clientes
- Gestión distribuida de catálogos de producto

5.2.3 Motivación

Se requerirán dos insumos adicionales al definir la Estrategia de Gestión de Datos. El primero es la Motivación. Es relevante reconocer y expresar lo que impulsa a la organización a invertir en Gestión de Datos. Ya sea que la organización quiera convertirse en *Data Driven* o recuperar la posición en el mercado a través de información sobre el comportamiento de los clientes, estas motivaciones ayudarán a priorizar qué aspectos de la Gestión de Datos debe abordar la estrategia.

5.2.4 Comportamientos por Modificar

El último insumo necesario para las Estrategias de Datos es comprender cómo se comportan las personas de la organización en torno a los datos. Estos comportamientos describen cómo las personas interactúan con los datos, cómo los usan, y cómo comprenden su responsabilidad en torno a los datos a los que están expuestos. Las Estrategias de Datos deben abordar el comportamiento para mejorar una cultura orientada a los datos. Algunos ejemplos de este tipo de insumo son:

- Diseñadores de reportes no documentan las fuentes de datos utilizadas en sus reportes
- Requerimientos de datos que no son registrados correctamente (por ejemplo, los requerimientos de negocio son definidos en el nivel funcional y no incluyen datos)
- Gestores de Proyecto no tienen en consideración producir Metadatos o gestionar la calidad de datos al definir el presupuesto del proyecto
- Diseñadores de soluciones no se refieren al Modelo de Datos del Negocio (cuando éste existe) para definir o actualizar modelos a nivel de proyecto
- Desarrolladores reutilizan campos existentes en una estructura de datos sin documentar el cambio en su propósito

Conforme los ejemplos se van mostrando, estos comportamientos pueden ser la causa directa de los problemas en calidad de datos.

5.3. Lienzo de Estrategia de Alineación de Datos

La Figura 18 muestra el lienzo utilizado para definir la primera Estrategia de Datos, la Estrategia de Alineación de Datos. Esta es una estrategia crítica. A través de ella alinearemos las necesidades de negocio y los objetivos estratégicos con el resto de las Estrategias de Datos.

A la izquierda están los insumos para definir las estrategias. Siempre los tenemos a la vista para asegurarnos de recordar a qué responden las estrategias. Los insumos para la Estrategia de Alineación de Datos incluyen objetivos estratégicos de negocio priorizados, preguntas de negocio y puntos de dolor relacionados a datos.

Dominios de Datos: El objetivo principal de este primer lienzo es identificar las categorías de alto nivel de datos lógicamente agrupados (Dominios de Datos, como clientes, productos, proveedores y cuentas) necesarias para responder a las preguntas de negocio y respaldar los objetivos estratégicos de la empresa, así como los relacionados con los puntos de dolor relacionados a datos. Se deben enumerar todos los dominios de datos identificados, incluso si la organización no tiene datos para dominios específicos.

Proveedores de Datos: Aquí es donde enumeramos las entidades, entendidas como unidades organizacionales o fuentes externas relacionadas con los dominios de datos identificados. Queremos identificar los procesos de negocio de alto nivel donde se producen los datos. Recuerde, este es el nivel más alto de las Estrategias de Datos, por lo que no estamos hablando de lo que conocemos como fuentes de datos; estos entrarán en escena en otras Estrategias de Datos.

Consumidores de Datos: De manera similar, debemos identificar aquellas organizaciones (internas o externas) o individuos que consumen los datos relacionados con los dominios enlistados.

Principios de Datos: Håkan Edvinsson describe el beneficio de utilizar principios, más que reglas, como la base para el Gobierno de Datos. Los principios dependen de la confianza porque están conectados a un propósito común. (Edvinsson H. , 2020) Ejemplos de los principios de Edvinsson son:

- Confiar en las personas
- Siempre proporciono los datos correctos
- Capturar los datos cerca de su punto de origen
- Oportunidad es poder

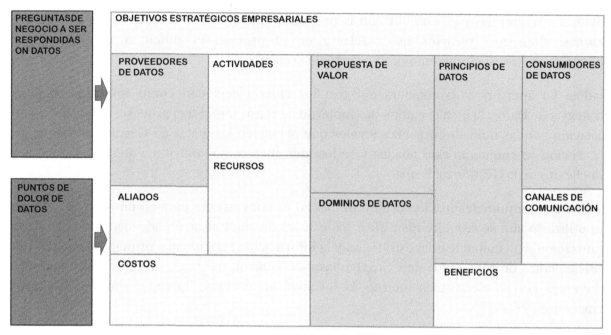

Figura 18 Lienzo de Estrategia de Alineación de Datos

Esta primera Estrategia de Datos debe incluir los principios que guíen los comportamientos alrededor de los datos. Todos deben seguirlos. Por ejemplo:

- Respetamos la fuente oficial de cada pieza de datos.

- Nos comprometemos a garantizar la confidencialidad, seguridad e integridad de los datos de otras personas, siguiendo estándares que esperaríamos para nuestros propios datos.

- Nuestras prácticas de manejo de datos deben considerar respeto para las personas, cuidando maximizar los beneficios y minimizar posibles daños.

Propuesta de Valor: Dado que esta es la Estrategia de Datos de más alto nivel y el lienzo contará la historia de qué hacer en el ámbito de los datos, es esencial definir la Propuesta de Valor de la Estrategia de Datos. Esta propuesta de valor respalda las Estrategias de Datos, en general, al afirmar el valor de un mejor manejo de los datos en toda la organización.

Actividades: Las Estrategias de Datos establecen las expectativas para la Gestión de Datos, los requerimientos de recursos y las prioridades. Qué hacer para gestionar datos, cuándo, con qué recursos y en qué orden. Es esencial tener claras las actividades que impulsan el éxito de un Programa de Gestión de Datos. En esta sección se enumeran las actividades de alto nivel, incluida la elaboración de estrategias adicionales en el Marco de Referencia de Estrategias de Datos.

Recursos: Las Estrategias de Datos deben vincular la implementación a acciones específicas. Esto comienza por identificar a las personas y los recursos materiales necesarios para realizar las actividades requeridas para cumplir con la propuesta de valor. La Gestión de Datos requiere personas. Conseguir recursos más adelante en el proceso es difícil si no expresamos explícitamente los requerimientos como parte de la estrategia.

Aliados: La apertura y la colaboración con los *stakeholders* dan como resultado mejores Estrategias de Datos. Si bien el equipo de Gobierno de Datos impulsa el proceso, debe hacerlo en asociación con las unidades organizacionales que persiguen las metas de Gestión de Datos. En esta sección se enumeran esos aliados y se los identifica como contribuyentes fundamentales para el éxito de la Gestión de Datos.

Canales de Comunicación: El concepto de lienzo es convincente para comunicar ideas. Pero para utilizarlo aún se requiere identificar los canales de comunicación adecuados dentro de la organización para comunicar las estrategias y la información relacionada: principios, estándares, políticas, hojas de ruta, casos de éxito, tableros de control, métricas, etc. Los canales obvios incluyen el correo electrónico interno, la intranet, las revistas, las redes sociales, los foros permanentes, etc.

Costos: La sección de costos del lienzo puede ayudar a establecer expectativas relacionadas con la adopción o no adopción de prácticas de Gestión de Datos. No es necesario expresar los costos en términos económicos precisos si no se dispone de esta información. El objetivo es identificar los elementos que representan el costo de llevar la estrategia a una etapa procesable.

Beneficios: Las contrapartes de los Costos son los Beneficios. La sección de Beneficios debe incluir beneficios tanto cualitativos como cuantitativos. Al igual que con los Costos, si no se dispone de cifras exactas, no es obligatorio incluirlas, pero es importante identificar las categorías de beneficios.

5.4.   Lienzo de Estrategia de Gestión de Datos

Una vez definida y documentada la Estrategia de Alineación de Datos, es el momento de priorizar acciones y recursos para desarrollar el lienzo de la Estrategia de Gestión de Datos. En este momento entran en escena dos insumos adicionales: las motivaciones para establecer un programa de Gestión de Datos y los comportamientos relacionados con datos por modificar (Figura 19). Los puntos de dolor relacionados a datos utilizados como insumo para la Estrategia de Alineación de Datos también son cruciales para la Estrategia de Gestión de Datos, por lo que vuelven a aparecer a la izquierda de este lienzo.

Los Objetivos Estratégicos de Gestión de Datos, definidos y priorizados por los *stakeholders*, encabezan este lienzo.

Columnas (CORTO, MEDIANO Y LARGO PLAZO): Este lienzo ayuda a asignar recursos al incluir tres columnas: a corto plazo, a medio plazo y a largo plazo. Normalmente, estas columnas se pueden representar por años, pero no se trata de una regla rígida. Tener en cuenta una progresión lógica de los objetivos a lo largo del tiempo es «*asignar recursos de forma inteligente para trabajar de forma integrada con el fin de alcanzar los objetivos relacionados a datos y contribuir a la consecución de los objetivos estratégicos del negocio*».

Aliados: En esta sección se enumeran las unidades organizacionales y los roles que son de importancia fundamental para el éxito del programa de Gestión de Datos. Esto puede incluir todos o un subconjunto de los aliados enumerados en el lienzo de Estrategia de Alineación de Datos, incluida la Comunicación Corporativa, la Oficina de Gestión de Proyectos (*Project Management Office* o *PMO*), el Cumplimiento, la Arquitectura Empresarial, y así sucesivamente.

Gobierno de Datos: Todas las Estrategias de Datos deben estar relacionadas. El vínculo de este lienzo al lienzo de Estrategia de Gobierno de Datos es la fila denominada Gobierno de Datos. Aquí enumeramos las capacidades de Gobierno de Datos que necesitamos establecer a corto, mediano y largo plazo. Estas capacidades se basan en el Modelo de Madurez de Gobierno de Datos de la organización. También pueden incluir requerimientos específicos de la organización. El Gobierno de Datos aparece en la primera fila de los elementos que deben priorizarse debido a su papel fundamental en la supervisión de las demás disciplinas de Gestión de Datos.

© 2023 María Guadalupe López Flores., Servicios de Estrategia y Gestión de Datos Aplicada, S.C., segda.com.mx

Figura 19 Lienzo de Estrategia de Gestión de Datos

Funciones: Esta sección se refiere a las Áreas de Conocimiento de Gestión de Datos de DAMA: Gobierno de Datos, Arquitectura de Datos, Modelado y Diseño de Datos, Almacenamiento y Operaciones de Datos, Seguridad de Datos, Integración e Interoperabilidad de Datos, Gestión de Documentos y Contenido de Datos, Datos Maestros y de Referencia, Almacenamiento de Datos, Metadatos, y Calidad de Datos (Figura 10) (DAMA International, 2017). Este lienzo se refiere a ellas como Funciones para transmitir el sentido de acción y su meta para eventualmente convertirse en «el trabajo cotidiano» ("*business as usual*").

Dominios de Datos: Identificamos dominios de datos en el lienzo de Estrategia de Alineación de Datos. En esta sección se prioriza a corto, medio y largo plazo la aplicación de las Funciones de Gestión de Datos y las capacidades de Gobierno de Datos a estos dominios.

Fuentes de Datos: Una parte esencial de la priorización de esfuerzos y el establecimiento de expectativas es indicar qué fuentes de datos abordar cuando se implementan las capacidades de Gobierno de Datos o las funciones de Gestión de Datos. Por ejemplo, la fila Dominios de Datos puede mostrar no solo que los Clientes son una prioridad principal, sino también que los datos de los clientes que se deben gobernar son los datos del Almacén de Datos, el Gestor de Relaciones con el Cliente (*Customer Relationship Management* o *CRM*) y la Base de Datos Maestra como fuentes autorizadas de esos datos.

Iniciativas: La mejor manera de abrir caminos para la implementación de la Gestión de Datos es aprovechar las iniciativas estratégicas en curso que ya han sido reconocidas como de alta prioridad. Por lo general, cuentan con presupuestos aprobados y la atención de los principales *stakeholders*. Enumerarlos aquí asocia la Estrategia de Gestión de Datos con la estrategia de negocio. Conseguir que se apruebe la Estrategia de Gestión de Datos impulsará el compromiso de las personas involucradas en estas iniciativas e impulsará la adopción a corto, medio y largo plazo de las prácticas de Gestión de Datos.

Métricas: Una estrategia sin acción no vale nada. Para ser entendidas, las acciones deben ser medidas. La estrategia debe incluir KPI claros para demostrar que la estrategia está implementada. Esta última fila indica cómo medimos el despliegue de las capacidades de Gobierno de Datos y las Funciones de Gestión de Datos. Esta fila puede mostrar la evolución de las métricas a medida que evolucionan las capacidades de Gestión de Datos.

5.5.   Lienzo de Estrategia de Gobierno de Datos

Es hora de detallar cómo abordamos el Gobierno del Datos. Podemos verlo como un desglose de la fila Gobierno de Datos del lienzo de Estrategia de Gestión de Datos (Figura 19). En este lienzo se describe la estructura organizacional para respaldar el Gobierno de Datos, qué elementos gobernar y dónde gobernar dentro de la organización (Figura 20).

Precisamente los mismos insumos que utilizamos para el Lienzo de Estrategia de Gestión de Datos podemos transferirlos aquí para mantenerlos presentes mientras documentamos el contenido de este lienzo. Al igual que ocurrió con la Estrategia de Gestión de Datos, los Objetivos Estratégicos de Gobierno de Datos deben ser definidos primero por los *stakeholders* que trabajan en esta Estrategia.

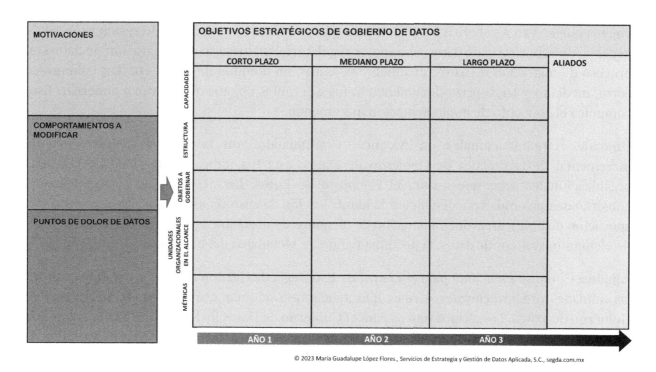

© 2023 María Guadalupe López Flores., Servicios de Estrategia y Gestión de Datos Aplicada, S.C., segda.com.mx

Figura 20 Lienzo de Estrategia de Gobierno de Datos

Capacidades: Este es el enlace directo con la Estrategia de Gestión de Datos. Las mismas capacidades aparecen en la primera fila de ambos lienzos.

Estructura: La estructura se refiere a la organización de la función de Gobierno de Datos. Aquí debemos tener claros los roles y el número de personas requeridas para ejecutar el programa. Al principio es probable que encontremos al líder de Gobierno de Datos, dos asistentes de Gobierno de Datos, y algunos custodios de datos para unidades organizacionales seleccionadas a corto plazo. A medida que la implementación del Gobierno de Datos se expande a otras áreas, la cantidad de custodios de datos y otro personal puede aumentar. La sección de estructura es también el lugar para indicar los órganos de gobierno. A corto plazo, no creamos un órgano específico de Gobierno de Datos. En su lugar, aprovechamos los órganos de gobierno permanentes para promover el programa de Gobierno de Datos. Por ejemplo, el líder de Gobierno puede solicitar tiempo en la agenda del equipo de liderazgo para discutir cuestiones de datos, informar sobre el progreso de la iniciativa de Gobierno de Datos, o solicitar otras aportaciones de la alta dirección.

Objectos por Gobernar: Esta sección es fundamental para establecer las expectativas de lo que hará el equipo de Gobierno de Datos. El Gobierno de Datos sigue siendo un concepto muy abstracto para muchas personas. En el mejor de los casos, una comprensión general reconoce que el Gobierno de Datos define las políticas de datos y, a continuación, supervisa el cumplimiento. Intentar implementar prácticas de Gobierno de Datos en toda la organización a la vez suele terminar en fracaso y también puede aumentar la resistencia a la idea del Gobierno de Datos. El despliegue debe ser planificado e intencionado. Comienza con la identificación de los objetos que se van a gobernar a corto, medio y largo plazo. Un objeto puede ser un proceso de negocio, un repositorio de datos, un reporte regulatorio, un proceso de integración de datos, un proceso de migración de datos, una fuente de datos, un dominio de datos, etc. Las columnas a corto, mediano y largo plazo documentarán los diferentes objetos que se van a gobernar. Esto comunica el concepto de implementación incremental.

Unidades Organizacionales en Alcance: Continuando con la idea de implementación incremental de la práctica de Gobierno de Datos, esta fila indica la prioridad de las áreas organizacionales a las que servirá el Gobierno de Datos. Las acciones relacionadas con el gobierno de una unidad pueden incluir la identificación de custodios de datos, la capacitación, la aplicación de políticas, la documentación de términos de negocio en el glosario, la identificación de elementos críticos de datos, la documentación de Metadatos del negocio, etc.

Aliados: Como se mencionó para el Lienzo de Estrategia de Gestión de Datos, debemos enlistar las unidades organizacionales o roles que ayudarán a adoptar e implementar la práctica de Gobierno de Datos. Los aliados típicos para el Gobierno de Datos incluyen la Unidad de Políticas institucionales, la unidad de Cumplimiento y la Auditoría Interna, ya que ayudan a facilitar la gestión y la aplicación de las políticas de Gobierno de Datos a través de todos los órganos y procesos de gobierno existentes.

Métricas: Esta fila mostrará la evolución y madurez de las métricas a lo largo del tiempo. A corto plazo, la mayoría de los KPI se relacionan con la implementación y despliegue de los procesos de Gobierno de Datos, basados en el Modelo de Madurez de Gestión de Datos de la organización.

5.6.   Lienzo de Estrategia de Funciones Específicas de Gestión de Datos

Una vez seleccionadas las tres Funciones de Gestión de Datos de acuerdo con la teoría del taburete de tres patas (Sección 3.4) debemos documentar cada estrategia (Figura 21). Mantenemos los mismos insumos (motivaciones, comportamientos relacionados con datos por modificar, y puntos de dolor relacionados a datos) identificados al documentar la Estrategia de Alineación de Datos. Sin embargo, debemos destacar aquellos que afectan a la Función de Gestión de Datos específica.

Capacidades: Las capacidades del Modelo de Madurez de Gestión de Datos de la organización aparecerán en esta sección del lienzo y anclarán la hoja de ruta de implementación. Podemos complementarlos con capacidades específicas de la organización. Por ejemplo, si el Modelo de Madurez no incluye la Función de Gestión de Datos específica (por ejemplo, DCAM no incluye la Integración de Datos), las capacidades deben definirse en función de los procesos y habilitadores necesarios para realizarlas.

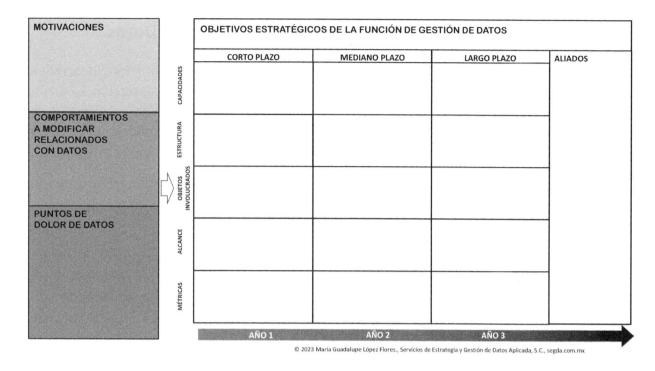

Figura 21 Lienzo de Estrategia de Funciones de Gestión de Datos

Estructura: Cada disciplina de Gestión de Datos requiere la participación de diferentes roles, algunos de los cuales son comunes a otros campos, como los custodios de datos, y no será necesario replicarlos aquí, ya que deberíamos incluirlos en el Lienzo de Estrategia de Gobierno de Datos. En esta fila incluya sólo los roles y los órganos de gobierno específicos de la función de Gestión de Datos descrita por el lienzo.

Objetos Involucrados: Al igual que se hizo en el Lienzo de Estrategia de Gobierno de Datos, identifique los objetos en los que se aplicará la Función de Gestión de Datos. Para ilustrar, si la Función es la Arquitectura de Datos y el Objeto es el Dominio de Datos de los Clientes, significa que los Clientes son la «cosa» relevante para la organización que necesitamos documentar como parte del Modelo de Datos de Negocio (*Enterprise Data Model* o *EDM*).

Alcance: Definir el Alcance es fundamental para establecer expectativas. Esta fila mostrará el alcance a corto, mediano y largo plazo de la Función de Gestión de Datos. Por ejemplo, si, para la Calidad de Datos, los Objetos Involucrados se centran en el Dominio de Datos del Cliente, podemos limitar el alcance a corto plazo a los elementos de datos de contacto del Cliente.

Aliados: Como fue descrito en lienzos previos, esta sección enlista los roles o unidades organizacionales identificadas como aliados clave en la ejecución de la Función de Gestión de Datos específica.

Métricas: Las métricas describen los KPI específicos a la Función de Gestión de Datos. Si están incluidas en el Modelo de Madurez de Gestión de Datos, las puntuaciones esperadas para corto, mediano y largo plazo deben incluirse en las columnas correspondientes.

5.7.   Lienzo de Modelo de Negocios de Gobierno de Datos

Es crucial que las personas de la organización, empezando por el equipo de gobierno, desarrollen una comprensión común de lo que significa la Gobierno de Datos para la organización. La mejor manera de comunicar esto es a través de un Lienzo de Modelo de Negocios. Vea cada Función de Gestión de Datos como un negocio individual dentro de la organización. Es fundamental que los miembros del equipo conozcan a sus clientes (internos), las actividades clave y su propuesta de valor.

Note en la Figura 22 que el Modelo de Negocios de Gobierno de Datos utiliza los mismos insumos que los Lienzos de Estrategias de Gestión de Datos y de Gobierno de Datos.

Cliente: El equipo de Gobierno de Datos debe comprender claramente a sus clientes, incluidas las unidades organizacionales del negocio, las unidades de desarrollo de TI, los administradores de bases de datos, el Director de Datos (*Chief Data Officer* o *CDO*), etc. No se debe dar por sentado a los clientes. Identificarlos explícitamente ayuda a centrarse en el trabajo y en cómo debe orientarse.

Propuesta de Valor: Después de identificar a los clientes, considere la propuesta de valor de cada grupo. Las declaraciones de Propuesta de Valor deben resonar en la mente de los clientes para motivarlos a buscar el apoyo y la participación del equipo de Gobierno de Datos. Complemente este apartado con la lista de servicios de Gobierno de Datos (¿Qué vende/ofrece el Gobierno de Datos a los clientes?) a través de los cuales descubrimos la propuesta de valor. Hacer esta conexión ayuda a que el concepto abstracto de Gobierno de Datos sea muy concreto.

Canales: En esta sección se enumeran los medios de comunicación con los clientes para que entiendan la estructura y el Modelo de Negocio del Gobierno de Datos, los servicios y cómo solicitarlos, las políticas, estándares, casos de éxito, tableros de control, etc. Algunos ejemplos de estos canales son los portales de intranet, el correo electrónico, las revistas, los boletines informativos, etc.

Relación con el Cliente: En muchas empresas, la parte fácil es hacer nuevos clientes. Lo difícil es mantener una relación con los clientes existentes y fidelizarlos. Uno de los resultados de una implementación exitosa de Gobierno de Datos es que las personas apreciarán el valor del equipo de Gobierno de Datos. Los clientes con una gran experiencia y beneficios tangibles recomendarán el trabajo de este equipo. En la sección Relación con el Cliente del lienzo, identifique los medios para mantener el interés de los clientes. Por ejemplo, notificar sobre las actualizaciones a las fuentes de datos, ofrecer apoyo para identificar y documentar los términos de negocio, la capacitación, etc.

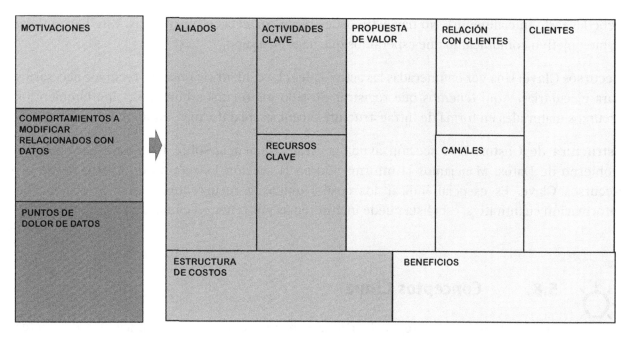

The Business Model Canvas CC License A. Osterwalder, Strategyzer.com www.strategyzer.com

Figura 22 Lienzo de Modelo de Negocios de Gobierno de Datos

Beneficios: Es fundamental expresar los beneficios del Gobierno del Dato a la organización en términos de negocio. Agregar elementos cuantitativos es genial cuando es posible, pero no es obligatorio. A medida que la operación madure, incluya cifras de beneficios cuantitativos en versiones actualizadas de este Lienzo.

Aliados: La implementación y ejecución del Gobierno de Datos requiere el apoyo y la colaboración de diversas áreas de la organización. Un claro ejemplo es la Oficina de Gestión de Proyectos. Debido a que todos los proyectos pasan por esta oficina, ésta puede ordenar actividades para mejorar la Gestión de Datos como documentar Metadatos y hacer cumplir los requerimientos a través del presupuesto del proyecto. Otro socio importante es el equipo de diseño de soluciones de TI o el equipo de arquitectura. Se puede capacitar a los arquitectos de soluciones para identificar la falta de estándares de datos y guiar a los líderes de proyecto para que se adhieran a los estándares.

Actividades Clave: No es raro escuchar a los equipos de Gobierno de Datos quejarse de tener que realizar actividades muy diversas relacionadas a datos, pero no de Gobierno de Datos. Esto se deriva principalmente de la falta de comprensión del Gobierno de Datos. Y este es precisamente el propósito de este lienzo. Por lo tanto, el lienzo es el lugar adecuado para enlistar las actividades principales en las que se centrará el equipo de Gobierno de Datos. Enlistarlos aquí evitará que la organización delegue todas las actividades de datos al equipo de Gobierno de Gatos. Algunos ejemplos son la producción de políticas y la gestión del inventario de fuentes de datos, el glosario de negocio, y el proceso de calidad de los datos (a menudo, las condiciones no permiten un equipo independiente para la Calidad de Datos, y el equipo de Gobierno de Datos debe lanzarlo inicialmente). No hay actividades clave correctas e incorrectas. Este lienzo tiene como objetivo comunicar lo que esperamos que haga el equipo.

Recursos Clave: Una vez enumeradas las actividades clave, identificamos los recursos necesarios para ejecutarlas. Aquí tenemos que registrar no solo los recursos humanos, sino también los recursos materiales en forma de infraestructura, licencias, plataformas, equipos, etc.

Estructura de Costos: Esta sección ayuda a crear conciencia sobre los costos de tener un Gobierno de Datos. Manejamos la información en la sección Estructura de Costos desde los Recursos Clave. Es esencial indicar los costos únicos y recurrentes. Si no se dispone de información cuantitativa, esta lista puede incluir temas por tener en cuenta.

5.8. Conceptos Clave

Los **Lienzos de Estrategia de Datos** son un medio para comunicar los diferentes niveles de Estrategia de Datos en una forma sintetizada, de tal manera que cada Estrategia de Datos puede ser descrita en una sola diapositiva.

5.9. Para Tener en Cuenta

1. El poder de los Lienzos reside en su habilidad para comunicar múltiples ideas relacionadas entre sí en una sola diapositiva que puede ser claramente comprendida por diferentes audiencias.

2. Cada Lienzo de Estrategia de Datos tiene un propósito específico y está relacionado con el resto de los Lienzos de Estrategia de Datos. Colectivamente, éstos cuentan una historia completa sobre qué sucederá con la Gestión de Datos.

3. Los Lienzos de Estrategia de Datos ayudan a establecer las expectativas a través de la organización acerca de cómo la Gestión de Datos traerá valor a la organización.

5.10. Entrevista sobre Estrategia de Datos

EXPERTO ENTREVISTADO: **Tom Redman**[38]

---

[38] Tom Redman https://www.linkedin.com/in/tomredman/

Tom Redman, más conocido como el "Data Doc", es un experto en Calidad de Datos reconocido internacionalmente y autor de varios títulos en esta área. Es coautor del Manifiesto de Datos para Líderes (*Leaders Data Manifesto*). Ha ayudado a líderes y empresas a comprender sus problemas y oportunidades más importantes en el mundo de datos, trazar un rumbo y desarrollar las capacidades organizacionales necesarias para ejecutar. Desde *startups* hasta grandes multinacionales, desde altos ejecutivos y Directores de Datos hasta personas en el medio que luchan por poner algo en marcha, él ayuda a construir futuros Basados en Datos. Para ello, combina la perspectiva de un visionario sobre el panorama de los datos con una profunda experiencia en analítica y calidad de datos.

Dada su vasta experiencia como consultor en Calidad de Datos, ¿con qué frecuencia encuentra una Estrategia de Datos horizontal bien definida que guíe el trabajo relacionado con datos y responda a la estrategia de negocio en las organizaciones de sus clientes?

«Hasta ahora, no he encontrado una Estrategia de Datos que cumpla con los criterios que usted estableció. Permítanme proporcionar algunos antecedentes. En mi opinión, la pregunta fundamental de la "estrategia" es: "¿Cómo pretendemos competir en el mercado?" La "Estrategia de Datos" y la "estrategia de negocio" deben ser inseparables para responder a la pregunta.

En segundo lugar, no creo que las empresas deban pensar mucho en la estrategia hasta que tengan los conceptos básicos en su lugar. Una buena estrategia debe ser alcanzable y, hasta que no tengan lo básico en su lugar, las empresas no tienen forma de especular sobre lo que pueden lograr. He visto demasiados planes descabellados que no pudieron pasar la "prueba de lo alcanzable".

Por último, sé que mucha gente de datos está tratando de alinear su trabajo con la estrategia de negocios. Genial, pero no suficiente. Los empresarios también deberían preguntarse cómo pueden crear una ventaja competitiva a partir de los datos.»

¿Cuál considera que es el rol de la Estrategia de Datos en el éxito o fracaso de una iniciativa de Transformación Basada en Datos?

«No puedo imaginar que se pueda transformar algo sin un sólido plan de gestión de datos.

Pero, para que quede claro, soy muy escéptico de que muchas iniciativas que veo etiquetadas como "transformación" tengan grandes posibilidades de éxito. La transformación es difícil, requiere una variedad de talento, un sentido de urgencia, una visión muy convincente, y coraje. Simplemente no veo que las empresas ensamblen estas cosas. Demasiada palabrería, muy poco trabajo duro.»

Desde su perspectiva, ¿quién considera que debe liderar la creación y el mantenimiento de una Estrategia de Datos, y qué *stakeholders* deben participar en el proceso?

«Las personas que más tienen que ganar deben impulsar la creación de la Estrategia de Datos. Los profesionales de datos tienen mucho que ganar, pero por lo general no tanto como las personas que están en áreas del negocio. Conozco a un CDO que está liderando la carga, pero apenas están sentando las bases; tal vez la compañía esté lista para una estrategia en otro año.

Así que, en general, el negocio debe impulsar. Las personas de datos pueden trabajar tras bastidores, tal vez incluso en asociación, pero la mayoría de las veces debe haber liderazgo del negocio.

Otras dos cosas: usted no preguntó por la ejecución, pero eso es clave. Y la mayoría de los recursos se encuentran en el negocio, lo que apremia aún más la necesidad de liderazgo del negocio. En segundo lugar, ya he señalado que pocas empresas están preparadas para una Estrategia de Datos a nivel empresa. Por ahora, sin embargo, animo a las unidades individuales, incluso hasta el nivel de equipo, a establecer y seguir estrategias muy agresivas. Las empresas aprenden haciendo.»

¿Cómo recomendaría a un nuevo líder de Gobierno de Datos crear conciencia y obtener la aceptación de la Alta Dirección sobre la relevancia de construir una Estrategia de Datos integral y horizontal como base para un programa de Gestión de Datos exitoso?

«Quiero ser un poco cauteloso aquí. Me parece que demasiados profesionales en datos quieren que los líderes sénior "entiendan los datos". Entonces ellos (la alta dirección) realmente podrán ayudar. Pero es una tontería. Llevo mucho tiempo metido hasta las rodillas en todo lo relacionado con datos, y siento que sólo estoy empezando a entender los datos. ¿Cómo puede un alto ejecutivo, dedicando solo unos minutos al tema, comprender realmente los datos?

En cambio, los profesionales de datos deberían pensar mucho más en la ayuda que realmente necesitan de los líderes sénior. He visto a profesionales en datos tratar de conseguir que los líderes sénior aprueben reglas de negocio arcanas. Los líderes sénior no saben nada sobre esto, realmente no pueden ayudar y se desaniman rápidamente. Además, esto no es lo que necesita el programa de datos.

Encuentro que casi todos los altos directivos quieren ayudar, la mayoría viendo eso sólo como parte de su trabajo. Lo mejor es pedirles cosas que usted realmente necesita. Por ejemplo, uno de mis clientes necesitaba construir una red de gestores de datos integrados. Entonces, aclaró exactamente lo que quería y por qué, e hizo una solicitud específica. Por supuesto, se le concedió. Otro le pidió a un líder sénior que dedicara quince minutos a los datos durante una reunión pública y que hablara desde el corazón sobre cómo veía que los datos encajaban en la misión de la División. Este líder hizo un mejor trabajo de lo que esta persona podría haber imaginado.

En resumen, los profesionales en datos NO deberían solicitar a los líderes sénior que hagan su trabajo por ellos. Pero ellos deben solicitar apoyo a los líderes sénior donde lo necesiten, tanto en esa área como con capacidad organizacional. Ellos deben realizar sus solicitudes lo más específicas posibles.»

6. El Viaje: Camino hacia un Programa de Gestión de Datos Efectivo

«El camino es tan importante como la meta»

Kalpana Chawla

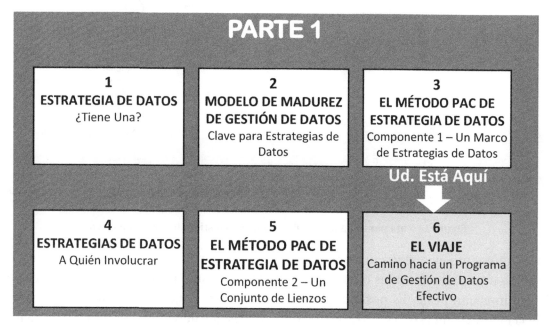

Cada vez que termino de impartir un curso de Gestión de Datos para Principiantes escucho algunas preguntas recurrentes: «¿Por dónde debemos empezar?» «¿Deberían abordarse simultáneamente todas las funciones de Gestión de Datos?» «¿Cuáles son los factores de éxito de un Programa de Gestión de Datos?» Por lo general, respondo mostrándoles el mapa de la Figura 23 con cuatro zonas por las que se debe pasar para producir un programa de Gestión de Datos efectivo. Entre ellas se encuentran:

1. Educar a la organización sobre los fundamentos de la Gestión de Datos y definir un programa de entrenamiento continuo

2. Evaluar la madurez de la Gestión de Datos

3. Desarrollar Estrategias de Datos para priorizar el trabajo relacionado a datos

4. Diseñar Modelos Operativos, empezando con Gobierno de Datos y Calidad de Datos

Este capítulo describe el recorrido representado a través de estos cuatro temas (nuevamente, Figura 23).

Figura 23 Ruta para llegar a un Programa de Gestión de Datos efectivo

Imagine el momento en que usa una aplicación de mapas para saber cómo llegar a su destino. La aplicación le mostrará diferentes opciones para llegar al mismo lugar. Algunas opciones pueden incluir caminos con peaje. Es posible que otros no tengan peajes, pero pueden tardar más. El mapa de la Figura 23 muestra cuatro áreas o zonas por las que debemos pasar para llegar a nuestro destino: el Programa de Gestión de Datos.

- **Educación**: La primera zona es Educación, ya que comenzamos difundiendo conceptos básicos de datos a través de toda la organización. Esto contribuirá a la construcción de un lenguaje de datos común y a la comprensión de conceptos, roles, técnicas y métricas de la Gestión de Datos. Puede haber diferentes formas de transitar por esta zona: *webinars*, formación formal, videos cortos, etc.

- **Evaluación**: La Evaluación de la Madurez de la Gestión de Datos representa la segunda zona. Aquí, la vista le permite comprender dónde encaja la organización en esta área. Hay varias rutas a seguir, dependiendo del presupuesto disponible. El Modelo de Madurez con el que estoy más familiarizada es el DCAM (Modelo para Evaluación de

Capacidades en Gestión de Datos), que me parece un enfoque robusto, basado en capacidades.

- **Estrategias de Datos**: Una vez que sabemos dónde está la organización y las brechas hacia el estado deseado podemos pasar a la tercera zona, las Estrategias de Datos, donde se definen las estrategias discutidas en el Capítulo 3.

- **Operaciones**: Cuando salimos de la zona de Estrategia de Datos, entramos en la zona de Modelos Operativos, donde detallamos cómo operar las funciones de Gestión de Datos priorizadas en la Estrategia de Gestión de Datos. En esta zona podemos elaborar un plan operativo o un conjunto de actividades para el Programa de Gestión de Datos.

6.1.   Educación

La Alfabetización de Datos se ha convertido en uno de los conceptos de moda más importantes en los últimos años. La Alfabetización de Datos es la base absoluta para desarrollar una cultura de datos.

La Alfabetización de Datos es la habilidad de leer, analizar, trabajar y comunicarse utilizando datos (Data Literacy Project, 2021). Ahora es un elemento tan crítico para las compañías que ha sido considerado como el segundo lenguaje de los negocios. La naturaleza de los datos, cada vez más persuasiva, vuelve crucial para todos los empleados aprender a «hablar sobre datos (*speak data*)». (Gartner Group, 2018)

Laura Sebastian-Coleman describe la construcción de la Alfabetización de Datos como parte del *People Challenge* (el reto representado por las personas), uno de los cinco retos de la Gestión de Calidad de Datos. Ella compara la Alfabetización de Datos con cualquier alfabetización:

Cualquier tipo de alfabetización puede entenderse como una combinación de conocimientos, habilidades y experiencia. La alfabetización comienza cuando una persona aprende el alfabeto y reconoce cómo se representan las palabras en forma escrita. Se desarrolla a través de un conocimiento explícito de la estructura del lenguaje escrito: oraciones, párrafos y capítulos. Y lo que es más importante, a medida que el lector lee más, empieza a entender los matices de los textos. La experiencia de leer literatura perfecciona las habilidades para ver conexiones, comprender la estructura y reconocer cómo las elecciones de un autor para revelar información enriquecen la experiencia de la historia. La experiencia de leer información de no ficción, ciencia, historia e incluso técnica tiene efectos similares, ya que todos estos requieren que una persona abstraiga información y la comprenda desde diferentes perspectivas. La lectura de datos requiere conocimientos y habilidades similares. Se adquieren conocimientos y se perfeccionan las habilidades a través de la experiencia de usar y, por lo tanto, interpretar datos. (Sebastian-Coleman, 2022).

Por lo tanto, el desarrollo de la Alfabetización de Datos en una organización es un proceso continuo. Hay que tener en cuenta muchos aspectos, que van desde el conocimiento de los datos hasta la experiencia adquirida trabajando con datos. Laura Sebastian-Coleman agrupa todos los componentes de la Alfabetización de Datos en tres principales Componentes de Alfabetización: Conocimiento, Habilidades y Experiencia.

Educar sobre los fundamentos de la Gestión de Datos, como la enseñanza del alfabeto, permitirá a las personas desarrollar habilidades para aplicar en la adquisición de experiencia en cualquiera de las funciones de Gestión de Datos. Es como los bloques de construcción esenciales para construir una cultura de datos y desarrollar la Alfabetización de Datos.

Para gobernar y gestionar los datos debe haber un programa de educación de datos. Uno que reconozca las necesidades educativas y de capacitación de las personas de la organización con base en su rol y exposición a los datos. No todo el mundo requiere el mismo nivel de formación, pero todo el mundo necesita conocer el alfabeto: los conceptos básicos de la Gestión de Datos. Es impresionante la cantidad de malentendidos sobre la Gestión de Datos que encuentro cada vez que empiezo una clase, incluso cuando muchos estudiantes llevan un tiempo trabajando con datos. Algunos profesionales especializados requerirán capacitación para certificar sus conocimientos y experiencia.

Para recorrer esta primera zona, comience por definir una combinación de diferentes medios para llegar a la audiencia más amplia dentro de la organización para comunicar los conceptos esenciales de la Gestión de Datos. Éstos podrían incluir una charla ejecutiva realizada en diferentes horarios, y grabada y publicada en la intranet. Podemos integrar la educación en datos dentro de un programa educativo corporativo para hacerlo obligatorio. Luego complemente estos con «cápsulas sobre datos» emitidas como parte de un programa articulado coordinado con el equipo de Comunicación interna.

El siguiente nivel de formación sobre los fundamentos de la Gestión de Datos incluye la enseñanza de la Gestión de Datos. Por ejemplo, qué es cada función de Gestión de Datos y cómo se relaciona con el resto de las funciones y las metas de negocio. Incluso para las personas que han dedicado varios años a trabajar en una función específica, como la Integración de Datos o las Operaciones de Datos, se vuelve esencial comprender cómo deben interactuar otras áreas para gestionar los datos de manera efectiva. Aprender los fundamentos de la Gestión de Datos suele motivar a las personas a aprender más o a involucrarse más profundamente en una función específica para desarrollar habilidades y adquirir experiencia.

Los eventos educativos o de formación podrían ser beneficiosos cuando las audiencias de negocios y TI se mezclan, ya que también pueden aprender de las perspectivas de otros. Un beneficio adicional es que las sesiones de capacitación pueden ayudar a identificar a los *stakeholders* clave necesarios para participar en la Evaluación de Madurez de Gestión de Datos y la definición de Estrategias de Datos.

6.2.   Evaluación

En el Capítulo 2 se analizan los beneficios de utilizar un Modelo de Madurez de Gestión de Datos basado en capacidades a la hora de definir la Estrategia de Gestión de Datos. También revisamos los modelos más reconocidos. Ahora volvemos a encontrarnos con este tema como la segunda zona de nuestro viaje en la que necesitamos entender dónde se encuentra la organización con respecto a las funciones de Gestión de Datos.

Con frecuencia escucho a los líderes de las organizaciones decir que recién están comenzando un Programa de Gestión de Datos, por lo que piensan que no necesitan una evaluación. Asumen que la organización está en el primer nivel de madurez. Sin embargo, comprender cómo los *stakeholders* de diferentes partes de la organización ven a la organización, y comparar esta percepción con un modelo de referencia, ayuda a identificar motivaciones que sirven como insumos para las Estrategias de Datos. Las brechas identificadas ayudarán a establecer prioridades en cada fase de la definición de la estrategia.

Cualquiera que sea el Modelo de Madurez que se adopte, la clave del éxito es involucrar en la evaluación a los principales *stakeholders* de toda la organización. La colaboración es clave. Y la evaluación de madurez es otra excelente oportunidad para identificar a los participantes en la definición de las Estrategias de Datos.

6.3.   Estrategias de Datos

Llegamos a la zona de Estrategias de Datos después de realizar la Evaluación de Madurez de Gestión de Datos. En el Capítulo 3 discutimos el Marco de Referencia de Estrategias de Datos e identificamos los tipos de Estrategias de Datos requeridas. Las Estrategias de Datos fundamentales por definir en la primera etapa son la Estrategia de Alineación de Datos, la Estrategia de Gestión de Datos y la Estrategia de Gobierno de Datos. El orden y el ritmo al que producimos las Estrategias de Función de Gestión de Datos dependen de su priorización en la Estrategia de Gestión de Datos.

En el Capítulo 4 enfatizamos la importancia de involucrar a los *stakeholders* en la definición de las Estrategias de Datos. Los líderes de las unidades organizacionales identificarán a estas personas durante las sesiones educativas y de evaluación.

El Capítulo 7, El Método PAC de Estrategia de Datos: Componente 3 – Ciclo de Estrategia de Datos, describe lo que sucede en esta tercera zona del viaje, por lo que no profundizaré en esto aquí. Vale la pena mencionar que, una vez que se priorizan las metas a través de las estrategias de Gestión de Datos y Gobierno de Datos (Capítulo 3), es sencillo derivar una hoja de ruta anual para utilizar en la gestión de las expectativas. Juntos, éstos tres proporcionan información crítica para los Modelos Operativos.

6.4. Modelos Operativos

En la última zona de nuestro viaje hacia un programa integral de Gestión de Datos desarrollamos diseños conceptuales de los modelos operativos para las funciones de Gestión de Datos de máxima prioridad (como se identifica en la Estrategia de Gestión de Datos). El Gobierno de Datos es siempre la prioridad. Hay diferentes consideraciones a la hora de diseñar un modelo de este tipo. Por ejemplo:

- David Plotkin provee un estudio completo sobre custodia de datos, el cual define como «el aspecto operacional de un programa general de Gobierno de Datos, donde el trabajo de gobernar día a día los datos de una empresa se lleve a cabo» (Plotkin, 2021).

- Robert Seiner defiende el Gobierno de Datos No Invasivo, «donde un Gobierno de Datos menos intrusivo, pero más efectivo puede ser muy útil. Es posible que desee mejorar su modelo de Gobierno de Datos aprovechando otras estructuras de gobierno que ya están en la organización» (Seiner, 2014).

- Puede complementar este enfoque con el enfoque diplomático y no coercitivo de Håkan Edvinsson: «El enfoque Diplomático se empeña en reducir las formalidades y remover las partes coercitivas del Gobierno de Datos tradicional» (Edvinsson H. , 2020).

Puede utilizar estas referencias para determinar qué componentes formarán parte del modelo (por ejemplo, custodia, comités permanentes, grupos de trabajo, políticas) y cómo trabajarán juntos (por ejemplo, principios de colaboración, toma de decisiones, nivel de formalidad). Recuerde que la meta es diseñar el mejor Modelo Operativo de Gobierno de Datos de su organización. Es fundamental tener en cuenta la cultura organizacional (cómo se reciben las nuevas ideas y procesos, cómo se toman las decisiones, cómo se gestiona el cambio, etc.). También es esencial tener en cuenta los recursos disponibles para operar el modelo. El diseño conceptual debe abordar las necesidades actuales y futuras, y debe funcionar para una implementación incremental en toda la organización.

Una vez definidos los Modelos Operativos para el Gobierno de Datos y las Funciones de Gestión de Datos priorizadas (Calidad de Datos, Arquitectura de Datos, Seguridad de Datos, etc.), es el momento de diseñar un plan operativo. Este plan detallado se derivará de la hoja de ruta de alto nivel. El programa de Gestión de Datos, nuestro destino en este viaje es un programa de varios años. Requerirá un plan operativo para cada año. Con los planes definidos, entramos en un ciclo de ejecución y control para implementar los modelos y ejecutar los planes.

En muchas organizaciones, los equipos lanzan el Gobierno de Datos sin una dirección clara. Luego pretenden gobernar todos los datos de la organización. En otras palabras, encuentran atajos e intentan saltar hasta el final del proceso sin pasar por las zonas que he descrito. En la mayoría de los casos, el resultado es que el equipo de Gobierno de Datos se pierde. Una vez perdidos, llegan fácilmente a un punto en el que no saben qué camino seguir.

6.5.   Conceptos Clave

El **Viaje de la Gestión de Datos** describe el camino que sigue una organización para crear un Programa de Gestión de Datos. Comienza por educar a la organización y fomentar un lenguaje común en los datos. Continúa haciendo la evaluación de la Madurez de Gestión de Datos, definiendo Estrategias de Datos e implementando un Modelo Operativo de Gobierno de Datos y un Plan Operativo.

6.6.   Para Tener en Cuenta

1.   Un programa de educación en datos debe ponerse en marcha para proveer el nivel de entrenamiento necesario para cada rol expuesto al manejo de datos en la organización.

2.   El entrenamiento en los Fundamentos de la Gestión de Datos y las sesiones de Evaluación de Madurez de Gestión de Datos pueden ser buenos foros en los cuales identificar a los *stakeholders* clave para la definición de las Estrategias de Datos.

3.   Las hojas de ruta anuales pueden derivarse de las Estrategias de Gestión de Datos y de Gobierno de Datos, y convertirse en insumos para los Planes Operacionales del Programa de Gestión de Datos.

6.7.   Entrevista sobre Estrategia de Datos

EXPERTO ENTREVISTADO: David Plotkin[39]

David Plotkin es un gerente de Gobierno de Datos y Calidad de Datos con experiencia en Arquitectura de Datos, *data marts*, Modelado de Datos lógicos y físicos, diseño de bases de datos, requerimientos y reglas de negocios, Gestión de Metadatos, Calidad de Datos, perfilamiento de datos, integridad de datos y Custodia de Datos. Cuenta con experiencia en los campos de Servicios Financieros (en grandes bancos y empresas de gestión de patrimonios), Energía/Ingeniería, Salud, Recursos Humanos, Seguros, Educación (preescolar y básica) y Ventas en Menudeo. Es un ponente muy solicitado en las conferencias de DAMA, de Gobierno de Datos y en Universidades. Es experto en trabajar con equipos de TI en la implementación de

---

[39] David Plotkin https://www.linkedin.com/in/davidnplotkin/

grandes sistemas con procesos complejos, es autor del libro *Data Stewardship*, y presentador de un curso de 2 días sobre la implementación de Custodia de Datos.

Dada su vasta experiencia como profesional de la Gestión de Datos y específicamente como promotor de la Custodia y la Gestión de Metadatos en el mundo corporativo, ¿con qué frecuencia ha encontrado el compromiso de la alta dirección para producir una Estrategia de Datos horizontal bien definida que guíe el trabajo relacionado con datos y responda a la estrategia de negocio en las organizaciones con las que ha colaborado?

«La alta dirección a menudo parece resistirse a implementar una Estrategia de Datos bien definida para guiar el trabajo relacionado con los datos y responder a la estrategia de negocio. En los casos en los que existe una necesidad urgente de una «solución» específica relacionada con datos (como la Gestión de Datos Maestros, los Datos de Referencia, el Gobierno de Datos o la mejora de la calidad de los datos), crear primero una Estrategia de Datos suele considerarse una pérdida de tiempo. Por supuesto, NO es una pérdida de tiempo, ya que una estrategia de datos proporciona la orientación y la infraestructura desde la que se pueden y deben tomar decisiones tácticas. La percepción de que se necesitan muchos meses para llegar a una estrategia robusta también afecta a la voluntad de crear una Estrategia de Datos como primer paso, y mientras tanto el otro trabajo urgente está en suspenso.

La clave para superar esta resistencia es convencer a la alta dirección de que la Estrategia de Datos puede construirse rápidamente si inicialmente es sólo un marco de referencia, el cual guía el resto del trabajo y se va completando a medida que se realiza otro trabajo, y se aprende más. Es un error pensar en una Estrategia de Datos como «fija» e inmutable, en cambio, debe ser flexible para que pueda cambiarse a medida que se comprenda mejor la estrategia de negocios.»

¿Cuál considera que es el rol de la Estrategia de Datos en el éxito o fracaso de una iniciativa de Transformación Basada en Datos?

«Una Estrategia de Datos es una parte importante de una iniciativa de transformación Basada en Datos y contribuye directamente al éxito de dicho esfuerzo. La transformación Basada en Datos afecta al modelo de negocio, a los procesos e incluso a la cultura organizacional. Detrás de todos estos cambios hay enormes cantidades de datos. De hecho, el corazón mismo de una transformación Basada en Datos (¡como se puede deducir por el nombre!) es que las decisiones que toma la empresa en respuesta a las condiciones cambiantes, las acciones de los competidores y las agencias reguladoras, y los cambios en los procesos, se basan todos en datos. Por lo tanto, la gestión adecuada de los datos es crucial. Una Estrategia de Datos guía la forma en que la empresa administra los datos y los Metadatos: cómo gobierna esos datos, decide qué datos usar, si (y cómo) mejorar la calidad de los datos para que se puedan usar, y cómo transformar y optimizar el uso de los datos para cumplir con las metas de negocio. Sin una Estrategia de Datos es probable que una transformación digital sea menos efectiva e incluso puede fracasar por completo.»

Desde su perspectiva, ¿quién considera que debe liderar la creación y el mantenimiento de una Estrategia de Datos, y qué *stakeholders* deben participar en el proceso?

«Una de las respuestas más obvias a la pregunta «¿quién debe impulsar la creación y el mantenimiento de una Estrategia de Datos?» sería la Arquitectura Empresarial. Pero que sean una buena opción depende de la cultura de la empresa. Si bien la Arquitectura Empresarial a menudo es conocida por CREAR estrategias, a menudo (aunque no siempre) no son muy buenos en la implementación de esas estrategias para obtener ventajas para el negocio. Es decir, si la estrategia creada no es práctica, no tiene en cuenta los imperativos del negocio, o requiere un liderazgo y una experiencia de los que carecen los arquitectos empresariales, ésta puede resultar inútil. He descubierto que puede ser difícil encontrar un Arquitecto Empresarial que sea bueno en la creación y ejecución de estrategias, incluyendo la búsqueda de los *stakeholders* en el negocio, el apoyo ejecutivo, convencer a la empresa de participar debido al valor agregado y guiarla hacia un producto terminado, incluida la designación de las tácticas necesarias para ejecutar la estrategia.

Otra posibilidad es una combinación de profesionales experimentados en Gestión de Datos, como los líderes de las principales iniciativas de datos, como el Gobierno de Datos, la Gestión de Datos Maestros, el Almacén de Datos / Lago de Datos, la Gestión de Metadatos y la Calidad de Datos. Guiados por alguien que sabe cómo construir una Estrategia de Datos, estos expertos en la materia pueden trabajar juntos para garantizar que la Estrategia de Datos contenga todos los componentes que se requerirían para ejecutar estas áreas cruciales. Además, cada uno de estos componentes tiene sus propios *stakeholders* que impulsan la ejecución y que pueden proporcionar información de negocio sobre qué metas de negocio son las más importantes.»

¿Cómo recomendaría a un nuevo líder de Gobierno de Datos crear conciencia y obtener la aceptación de la Alta Dirección sobre la relevancia de construir una Estrategia de Datos integral y horizontal como base para un programa de Gestión de Datos exitoso?

«Recomendaría que un nuevo líder de Gobierno de Datos se uniera al tipo de personas que mencioné anteriormente para participar en la creación de conciencia y aceptación por parte de la Alta Dirección. Dicho esto, no creo que un nuevo líder de Gobierno de Datos deba centrarse en esto, sino apoyarlo. Los profesionales / líderes de Gobierno de Datos tienen mucho que hacer y no son necesariamente expertos en construir y «vender» estrategias de datos; eso no es para lo que fueron contratados. Deben apoyar el esfuerzo porque el Gobierno de Datos contribuye y se beneficia de una Estrategia de Datos sólida.»

PARTE 2

Implementando el Método

En la Parte 1 se explicaron los dos primeros componentes del **Método PAC de Estrategia de Datos**: el Marco de Referencia de Estrategias de Datos y el Conjunto de Lienzos de Estrategia de Datos. En la Parte 2 se detalla el tercer componente del Método: El Ciclo de la Estrategia de Datos. Si se ha saltado la Parte 1, consulte los capítulos anteriores para comprender mejor los diez pasos del Ciclo de Estrategia de Datos.

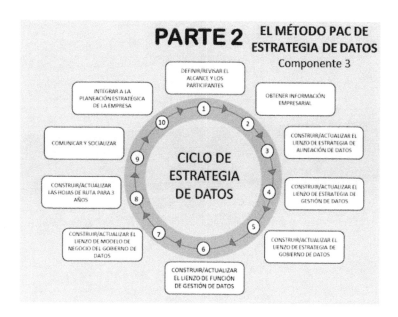

Figura 24 Diez Pasos del Ciclo de Estrategia de Datos

7. El Método PAC de Estrategia de Datos: Componente 3 – Ciclo de Estrategia de Datos

«Es sentido común elegir un método y probarlo. Si falla, admitirlo francamente e intentar con otro. Pero, sobre todo, intente algo»

Franklin D. Roosevelt

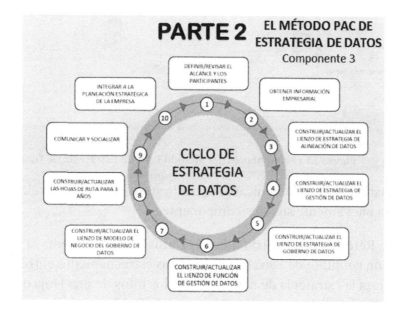

7.1. Introducción al Ciclo de Diez Pasos de Estrategia de Datos[40]

Es hora de pasar por los diez pasos del **Ciclo de Estrategia de Datos**, el tercer componente del **Método PAC de Estrategia de Datos**. Si ha leído los seis capítulos anteriores, tiene todo el contexto que necesita para entender el Método. Sabe de dónde vino y por qué se definió. Si

---

[40] Inspirado en el método TEN STEPS to Quality Data and Trusted Information ™ de Danette McGilvray http://www.gfalls.com/

comienza directamente con la metodología, encontrará referencias a capítulos anteriores a medida que lea los pasos del ciclo. Éstos le dirigirán a detalles y contexto adicional.

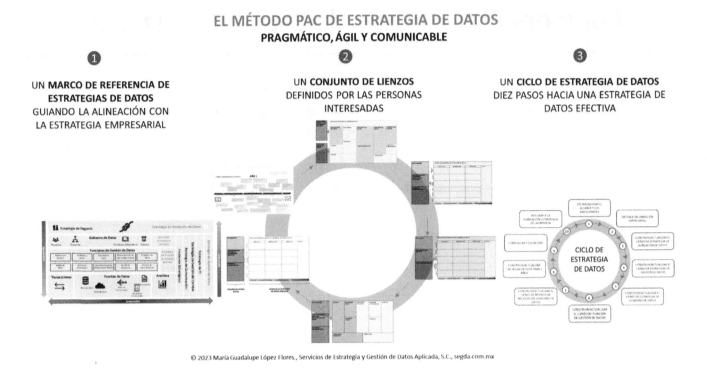

© 2023 María Guadalupe López Flores., Servicios de Estrategia y Gestión de Datos Aplicada, S.C., segda.com.mx

Figura 25 Componentes del Método PAC de Estrategia de Datos

PAC significa Pragmático, Ágil y Comunicable (usando su significado con relación a comunicar ideas).[41] La Figura 25 muestra nuevamente sus tres componentes:

1. **Un Marco de Referencia de Estrategias de Datos:** Esto representa la razón por la que necesitamos un conjunto de Estrategias de Datos estrechamente entrelazadas en lugar de una. Este marco traza la estrategia de negocio hasta los hitos de una Hoja de Ruta de Gobierno de Datos y, a partir de ahí, hasta el Plan Operativo de Gobierno de Datos. Véase el Capítulo 3.

2. **Un conjunto de Lienzos de Estrategia de Datos:** Éstos describen las Estrategias de Datos. Un lienzo es un concepto para representar un conjunto de ideas en una sola diapositiva (simulando el lienzo que un artista usa cuando hace una pintura). En nuestro caso, los lienzos representan las estrategias incluidas en el Marco de Referencia de Estrategias de Datos. Este concepto está inspirado en el *Business Model Canvas* de Alexander Osterwalder et al.[42] Véase el Capítulo 5 para una descripción detallada de cada lienzo.

---

[41] https://dictionary.cambridge.org/dictionary/english-spanish/communicable

[42] Alexander Osterwalder https://www.alexosterwalder.com/ Business Model Canvas https://bit.ly/3LSV4bb

3. **Un Ciclo de Estrategia de Datos:** Consta de diez pasos que deben repetirse anualmente en la planificación estratégica de la empresa para mantener las estrategias conectadas con los objetivos de negocio. (Seguir los ciclos anuales no impide revisar las Estrategias de Datos dentro de un ciclo si cambia una estrategia de negocio).

La simplicidad del método lo hace efectivo para organizaciones grandes y pequeñas; la única diferencia será el número de personas que participen. El método incluso me ha funcionado como consultora individual cuando lo he utilizado en mi propio negocio. Me ayuda a entender lo que debo hacer y para quién, y así poder comunicarme eficazmente con los demás. En las grandes organizaciones, las partes interesadas (*stakeholders*) que representan a cada unidad organizacional deben definir los Lienzos de Estrategia de Datos. Esto hace que una Estrategia de Datos sea holística (teniendo en cuenta todas las necesidades de las unidades organizacionales) y abierta, como se analiza en el Capítulo 3.

La Figura 26 indica el orden en el cual se definen las diferentes Estrategias de Datos.

1. **Estrategia de Alineación de Datos:** Esta estrategia responde a los objetivos estratégicos del negocio, los requerimientos de datos, y los puntos de dolor relacionados con datos. Para definir esta estrategia debemos identificar y priorizar estos insumos.

2. **Estrategia de Gestión de Datos:** Utilizando la Estrategia de Alineación de Datos como insumo, esta estrategia prioriza las Funciones de Gestión de Datos que se establecerán o madurarán (al centro del Marco de Referencia), así como las unidades organizacionales y los dominios de datos donde se aplicarán las funciones.

3. **Estrategia de Gobierno de Datos:** Esta estrategia prioriza las capacidades de Gobierno de Datos por establecer y los objetos por gobernar (procesos, reportes, dominios de datos, fuentes de datos, repositorios de datos, etc.).

4. **Estrategia de Función Específica de Gestión de Datos:** Cada Función de Gestión de Datos priorizada en la Estrategia de Gestión de Datos debe tener su propia estrategia.

La Figura 24 ilustra los pasos para producir las Estrategias de Datos. En este capítulo exploraremos cada uno de estos pasos. Antes de ejecutar los pasos, obtenga la aprobación de la Alta Dirección. Si bien casi todo el mundo dirá que tener una Estrategia de Datos y mejorar la calidad de la información es importante, generalmente hay rechazo a dedicar tiempo y dinero para trabajar en estas cosas. Los rechazos pueden sonar algo como esto:

- Ya tenemos una Estrategia de Datos... estamos moviendo nuestros datos a la nube.

- Tener una Estrategia de Datos es una buena idea, pero es muy caro y toma meses en producirse. Tenemos una necesidad urgente de poner los Datos Maestros en su lugar.

- La operación no se puede detener. No podemos dedicar gente a escribir una Estrategia de Datos. Consigamos a alguien que la escriba por nosotros.

- Una Estrategia de Datos es inútil. Hemos estado operando por años sin una.

- Una Estrategia de Datos no es práctica. Lo que necesitamos es soluciones inmediatas a nuestros problemas de datos.

Copyright © 2023 María Guadalupe López Flores., Servicios de Estrategia y Gestión de Datos Aplicada, S.C., segda.com.mx

Figura 26 Orden para Producir Estrategias de Datos

Antes de buscar aceptación, prepárese para refutar esos argumentos con ideas como estas:

- **Holística**: Para obtener resultados efectivos, la Estrategia de Datos debe ir más allá de cómo evolucionar las plataformas y soluciones técnicas. Debe abordar de forma holística las necesidades de negocio, las motivaciones, los puntos de dolor relacionados con datos, los comportamientos indeseables relacionados con datos y, lo que es más importante, los objetivos estratégicos de negocio. También debe ser una estrategia abierta; los *stakeholders* de toda la organización deben contribuir a ella y participar en su definición. Esto les dará razones para apoyar su ejecución. Por último, debe ser fácil de encontrar y entender para todos los miembros de la organización.

- **Planeada**: Prepare un cronograma que aclare cuánto tiempo llevará desarrollar la primera iteración de las Estrategias de Datos. Elaborar por primera vez la Estrategia de Alineación de Datos, la Estrategia de Gestión de Datos, la Estrategia de Gobierno de Datos, el Modelo de Negocio de Gobierno de Datos y la Hoja de Ruta de Gobierno de Datos, puede ser realizado en nueve semanas.

- **Abierta/Inclusiva**: Para organizaciones grandes, si una sola persona o consultora define una Estrategia de Datos, ésta será difícil de ejecutar dado que la mayoría de los *stakeholders* se identificará con la estrategia sólo si han sido involucrados en su definición. Incluya *stakeholders* provenientes de todas las áreas de la organización.

- **Soporte con Evidencias**: Documente un caso en el cual la organización haya invertido en plataformas o soluciones tecnológicas para remediar datos sin haber definido un resultado por esperar.

- **Comunicable**: Prepare un documento de una página con la Carta (*Charter*) de Estrategia de Datos para comunicar el enfoque práctico, la línea de tiempo, los recursos requeridos y el beneficio esperado.

La definición de las Estrategias de Datos no debe ser un esfuerzo aislado para respaldar las iniciativas de TI y las operaciones de datos. Integre el proceso en la planificación estratégica anual de la organización. Este ciclo se cierra cuando se integran las Estrategias de Datos en la planificación estratégica del negocio.

Antes de entrar en el Ciclo de Estrategia de Datos, defina todos los pasos como si lo estuviera haciendo por primera vez. Las Estrategias de Datos, una vez definidas, son documentos vivos que deben actualizarse si hay cambios en la Estrategia Empresarial. Revise y actualice las Estrategias de Datos definidas aquí al menos una vez al año utilizando los diez pasos descritos aquí. Esta revisión anual toma mucho menos tiempo a medida que la organización comienza a ejecutarla con madurez; esto porque, como era de esperarse, modificar un lienzo existente siempre va a ser más fácil que empezar uno desde cero.

7.2.   Siguiendo el Ciclo de Estrategia de Datos

7.2.1   Paso 1: Definir/Revisar el Alcance, los Participantes y los Recursos

Este primer paso se centra en identificar a los *stakeholders* que definirán las Estrategias de Datos. El enfoque holístico requiere *stakeholders* de todas las áreas de la organización. Para las grandes organizaciones, especialmente las corporaciones multinacionales, defina el alcance de esta iniciativa en este punto. ¿La iniciativa comenzará a nivel corporativo y se extenderá en cascada a las unidades de negocio? ¿O será una iniciativa local con definiciones corporativas como insumo? En primer lugar, necesitamos un patrocinador para la Estrategia de Datos con una fuerte influencia organizativa para determinar el mejor enfoque. Esta persona debe hacer la propuesta de alcance y obtener la aceptación de la alta dirección.

Dado que múltiples *stakeholders* participarán, debe proponer cuidadosamente un cronograma que encaje con sus agendas y los tiempos de la organización.

Flujo de Proceso del Paso 1

1. **Tener un Patrocinador para la Estrategia de Datos:** Su patrocinador puede ser tanto del área de Negocio como de TI. Las características más importantes de un patrocinador son que esté comprometido en tener una Estrategia de Datos holística y abierta, y que pueda influenciar a otros en la alta dirección con relación a fondeo, colaboración y compromiso de los *stakeholders*.

2. **Definir Alcance e Identificar Participantes:** La intención es que estén representadas la mayor cantidad posible de unidades organizacionales. No existe una regla sobre el nivel que tienen los

stakeholders dentro de la organización: el grupo puede incluir tanto a la alta dirección como a las personas operativas. Todos deben conocer los procesos y problemas relacionados con los datos en sus unidades. Y necesitan hablar y no sentirse intimidados cuando la alta dirección está en la sala.

3. **Tener una carta (*charter*) de Estrategia de Datos de una sola Página (*one-pager*):** El *one-pager* debe centrarse en la información esencial: **qué** se propone, **por qué** se propone, **cómo** se implementará, **quién** está obligado a participar, **cuándo** se logrará y sus **beneficios**. Incluya diapositivas de apoyo para comunicar la iniciativa de Estrategia de Datos, los perfiles de los asistentes y el tiempo requerido de ellos.

4. **Tener un Mensaje Robusto y Atractivo:** Prepare un mensaje poderoso para compartir con personas de todos los niveles de la organización. Pida a su patrocinador que grabe un video corto (de tres a cinco minutos) centrado en el mensaje. Utilícelo para abrir sus reuniones de trabajo cuando se reúna con una audiencia por primera vez para involucrar a los *stakeholders* en esta iniciativa. Los patrocinadores suelen estar dentro de la alta dirección, con agendas muy complicadas. La grabación del mensaje permite al patrocinador proporcionar apoyo continuo sin necesidad de retrasar tiempos.

5. **Elegir un Formato para Talleres:** Se puede realizar el trabajo en talleres presenciales o reuniones en línea. La segunda opción permite la participación de personas en diferentes locaciones. Decida esto y adecúe las instalaciones correspondientes.

6. **Elegir las Técnicas y Herramientas para Usar:** Las técnicas de Pensamiento de Diseño (*Design Thinking*), presentadas por Hebert Simon en 1969 en *The Sciences of the Artificial*, ahora en su tercera edición (Simon, 2019), son muy efectivas para esta labor.[43] Estas técnicas nos permiten recopilar la información que necesitamos para definir Estrategias de Datos de forma que se cree un entorno empático. Para las reuniones presenciales, la técnica del «Papel *Kraft*» ("*Brown Paper*") funciona muy bien. Se cubren las paredes de la sala de reuniones con papel *kraft* en el que se pueden dibujar cuadros para entradas (Preguntas, Motivaciones, Objetivos Estratégicos de Negocio, Comportamientos, Puntos de Dolor) o diferentes lienzos dependiendo de la sesión. Los participantes se mueven por la sala y proporcionan contenido en *post-its*. Algunas oficinas tienen salas de reuniones con paredes de vidrio que funcionan bien para esta técnica. Se pueden lograr dinámicas similares a través de herramientas colaborativas cuando la reunión es virtual. Los participantes pueden compartir sus ideas, y luego cada participante verá el conjunto completo de ideas y votará por las 10 mejores. Al seleccionar su herramienta, asegúrese de que tenga funciones para votos de los participantes.

7. **Agendar los Talleres:** El objetivo es que participe activamente el mayor número posible de *stakeholders*. Por lo tanto, elegir los mejores días y horarios para las reuniones es fundamental.

---

[43] Design Thinking https://www.interaction-design.org/literature/topics/design-thinking

Planifique un cronograma para todas las reuniones necesarias para los pasos 2 a 8. Asegúrese de que la audiencia reciba las invitaciones con al menos dos semanas de anticipación. Evite la superposición con fechas críticas en la organización, como el cierre de mes.

8. **Definir un Mensaje Claro y Atractivo en la Invitación**: Elabore cuidadosamente la invitación a la reunión, desde el tema hasta el contenido. Si es posible, haga arreglos para que sea enviado por el patrocinador u otra persona a la que los participantes sea más probable que presten atención.

9. **Garantizar Puntualidad**: Envíe invitaciones al menos dos semanas previo al evento, seguido por recordatorios para mantener el evento en el radar.

Consideraciones para Pequeños Negocios u Organizaciones: Pasos similares también se aplican para pequeñas organizaciones donde puede haber un menor número de *stakeholders*. En organizaciones más pequeñas, una persona puede desempeñar múltiples roles.

Tabla 3 Resumen Paso 1

Paso 1. Definir/Revisar el Alcance y los Participantes	
Objetivo	<ul><li>Con base en el alcance definido. Identificar las unidades organizacionales que deben estar representadas en la definición/revisión de las Estrategias de Datos.</li><li>Identificar *stakeholders* individuales para participar en los talleres de Estrategia de Datos.</li><li>Organizar las agendas para que los participantes sepan qué esperar.</li><li>Agendar talleres, asegurando evitar conflictos mayores.</li><li>Gestionar listas de control de logística y preparación para asegurar la asistencia de los participantes, así como la disponibilidad de instalaciones y herramientas.</li></ul>
Propósito	<ul><li>Asegurar condiciones adecuadas para producir una Estrategia de Datos holística con la participación de *stakeholders* clave representando todas las áreas de la organización.</li><li>Asegurar que el patrocinador envíe un mensaje contundente a las áreas participantes.</li><li>Asegurar que las unidades organizacionales que utilizan datos o tienen un impacto relacionado con datos puedan influenciar las Estrategias de Datos.</li><li>Asegurar compromiso de todas las unidades organizacionales.</li><li>Dar el mejor uso al tiempo de las personas al asegurar que los participantes en los talleres de Estrategias de Datos tengan un alto nivel de conocimiento de los procesos en sus unidades y el tipo de problemas existentes relacionados con datos.</li><li>Asegurar que todo esté listo para dar comienzo a los talleres de definición de Estrategia de Datos.</li></ul>
Insumos	<ul><li>Definición del alcance (corporación/compañía/país/subsidiarias)</li><li>Organigramas</li><li>Cuerpos de gobierno existentes</li></ul>

Paso 1. Definir/Revisar el Alcance y los Participantes	
Técnicas y Herramientas	• Pirámide de *stakeholders* de Estrategias de Datos (Figura 15) • Cuestionario de Facilitación • *Charter* de Estrategia de Datos • Lista de Control (*checklist*) de Preparación
Salidas	• *Charter* de Estrategia de Datos • Lista de Control de Preparación • Lista de unidades organizacionales incluidas en el proceso. • Lista de participantes, incluyendo sus unidades organizacionales, roles y sesiones de taller a las que requieren asistir • Calendario de talleres, agendas y mensaje de invitación a participantes • Grabación del mensaje atractivo del patrocinador
Participantes	• Líder de Gobierno de Datos o equivalente • Patrocinador de la Estrategia de Datos • Cuerpo de Gobierno que incluya a los gerentes líderes más relevantes
Lista de Control	• Tener un patrocinador de la Estrategia de Datos. • Definir alcance y participantes. • Tener un *one-pager charter* de Estrategia de Datos. • Garantizar que el patrocinador grabe un mensaje impactante y atractivo. • Decidir el formato del taller. • Decidir las técnicas y herramientas para utilizar. • Definir el mejor calendario para los talleres. • Definir un mensaje claro y atractivo para los invitados. • Enviar invitaciones con al menos dos semanas de anticipación. • Garantizar respuestas a las invitaciones.

7.2.2 Paso 2: Obtener Información Empresarial

Dedique el segundo paso a entender la organización. Lo ideal es que comience revisando la Estrategia de Negocio. A veces, esta estrategia no está documentada. Cuando lo está, no necesariamente se entiende de la misma manera en toda la organización. Este paso tiene como objetivo obtener un consenso sobre los principales objetivos estratégicos del negocio como insumo principal para producir las Estrategias de Datos.

En el Capítulo 5 discutimos otros insumos para la definición de Estrategias de Datos:

- Preguntas de Negocio
- Puntos de Dolor Relacionados con Datos
- Motivaciones
- Comportamientos que deben modificarse
- Iniciativas Estratégicas

Los objetivos de este paso son identificar y priorizar estos insumos en interés de la organización en general, no solo de las unidades de negocio individuales. Para ello, se requiere la participación de todas las partes interesadas identificadas en el Paso 1.

Este es el primer encuentro con los *stakeholders* de la organización, donde se reúne una mezcla de alta gerencia, Directores y expertos en la materia operativa, todos con agendas muy apretadas y celosos de su tiempo, por lo que se puede esperar escepticismo en la reunión. Por eso es esencial comenzar con una introducción concisa que explique por qué los ha invitado y qué espera del grupo.

Flujo de Proceso del Paso 2

1. **Recopile los Objetivos Estratégicos de Negocio más Recientes**: Esta tarea incluye la recopilación de información contextual para agilizar la definición de las Estrategias de Datos. En una organización mediana o grande, el equipo del Área de Planificación puede ser su primer punto de contacto para los objetivos de negocio. O bien, los objetivos pueden incluirse en una Estrategia de Negocio, normalmente documentada con un horizonte de cinco años y actualizada anualmente. Si tiene suerte, es posible que la gerencia haya publicado esta estrategia en la red interna de la organización. Encontrar información documentada sobre algo más que los objetivos y motivaciones del negocio puede ser difícil. Recopilará la mayor parte de la información adicional durante los Talleres de Visión (*insight*) del Negocio.

2. **Prepare sus Herramientas**: Antes de llevar a cabo las reuniones del taller, debe preparar sus herramientas de Pensamiento de Diseño para cada actividad. Cree plantillas que permitan a los asistentes completar sus ideas. Tenga algunos elementos de referencia o ejemplos para cada tema para iniciar las discusiones e ilustrar su solicitud. Rellene este contenido en la herramienta antes de las sesiones para agilizar las actividades durante las reuniones:

   a) **Objetivos Estratégicos del Negocio:** Con base en lo que encontró como contexto en el punto 1, cree una lista de todos los Objetivos Estratégicos del Negocio. Durante el Taller de Visión del Negocio, pida a los asistentes que agreguen objetivos a la lista si falta algo y que prioricen los tres a cinco objetivos principales si aún no se han priorizado.

   b) **Preguntas de Negocio:** Pida a todos los asistentes que enumeren las preguntas de negocio que hacen para administrar su negocio. Esto es difícil, ya que diferentes personas interpretarán la idea de una «pregunta de negocios» de manera diferente. La mejor manera de aclararlo es presentar de tres a cinco preguntas de ejemplo en la plantilla donde los participantes dejarán sus preguntas.

   c) **Motivaciones en Gestión de Datos:** Pida a los participantes que expresen sus motivaciones para embarcarse en el programa de Gestión de Datos o mejorarlo. Con base en lo que ha aprendido sobre la organización, identifique tres motivaciones para el programa de Gestión de Datos y agréguelas a la plantilla donde los participantes presenten sus motivaciones.

   d) **Puntos de Dolor Relacionados con Datos:** La cuarta actividad será enlistar todos los puntos de dolor relacionados con datos, para así preparar la plantilla. Finalmente, todos los participantes deberán votar por los diez puntos de dolor más importantes.

   e) **Priorizar Comportamientos por Modificar:** La última actividad de esta sección es identificar y priorizar los comportamientos no deseados relacionados con datos que deben cambiarse. Para esta actividad, prepare un lugar para una lista sencilla. Es posible que desee redactar algunas ideas (por ejemplo, los diseñadores de reportes no indican la fuente de datos utilizada en sus reportes). Una vez que haya creado la lista con las ideas de los participantes, pídales que voten por las cinco más prioritarias.

3. **Agendar los Talleres:** Debido a que las personas tienen agendas ocupadas, es importante enviar invitaciones a reuniones para todas las sesiones del taller con mucha anticipación, al menos dos semanas antes de la reunión inicial, para que las personas bloqueen las fechas en sus calendarios.

4. **Conducir los Talleres:** Los talleres deben ser ágiles. Por ello es esencial estar preparados. Utilice un temporizador. Las primeras sesiones tienen estas metas:

   a) **Priorizar los Tres Objetivos Estratégicos de Negocio más Importantes:** Utilizando la plantilla con el borrador de contenido producido en (2. a), los asistentes deben agregar elementos a la lista, si es necesario. Después de esto, haga que el grupo se ponga de acuerdo sobre la prioridad de los objetivos.

   b) **Priorizar las Preguntas de Negocio:** Pida a todos los asistentes que enumeren las preguntas que hacen para administrar su negocio. Utilice la plantilla con el contenido producido en (2. b). Pida a todos los participantes que voten por las 10 preguntas más relevantes para toda la organización.

   c) **Priorizar las Motivaciones en Gestión de Datos:** Pida a los participantes que expresen sus motivaciones para embarcarse en el programa de Gestión de Datos o mejorarlo. Pídales que voten por las cinco más relevantes.

   d) **Priorizar Puntos de Dolor Relacionados con Datos:** Pida a los participantes que enlisten los puntos de dolor relacionados con datos. Pueden comenzar con problemas relacionados con la infraestructura, como no tener suficiente capacidad o tiempos de respuesta altos. Es posible que deba guiarlos para identificar problemas relacionados con los datos en sí, como informes incoherentes debido a datos de mala calidad. Los participantes deben votar por los diez principales puntos de dolor.

   e) **Priorizar Comportamientos por Modificar:** El último insumo que se debe identificar y priorizar está representado por los comportamientos no deseados relacionados con datos que deben cambiarse. Los ejemplos que prepare para esta actividad le ayudarán a guiar a la audiencia. Una vez que haya creado la lista con las ideas de todos los participantes, pídales que voten por los cinco más urgentes.

   f) **Identificar y Priorizar Iniciativas Estratégicas:** Un elemento adicional para tener en cuenta en las estrategias de Gestión de Datos y de Gobierno de Datos es la lista priorizada de programas o proyectos en curso o próximos a comenzar con la máxima prioridad en la organización para apoyar el cumplimiento de los objetivos estratégicos del negocio. Estas iniciativas son las mejores candidatas para beneficiarse de la práctica de Gestión de Datos.

Tabla 4 Resumen del Paso 2

Paso 2. Obtener Información del Negocio	
Objetivo	• Identificar los objetivos estratégicos de negocio actuales • Identificar preguntas de negocio clave que lleven a una toma de decisiones • Identificar todos los impulsores y motivaciones para definir o mejorar un Programa de Gestión de Datos • Identificar todas las iniciativas estratégicas en curso dentro de la organización • Identificar los puntos de dolor relacionados con datos dentro de la organización • Identificar comportamientos indeseados relacionados con datos
Propósito	• Recolectar todos los insumos requeridos para definir las Estrategias de Datos • Priorizar los insumos recolectados • Obtener consenso en los puntos donde la Gestión de Datos debe enfocarse con prioridad
Insumos	Si están disponibles: • Planeación estratégica del negocio • Inventario de iniciativas estratégicas • Requerimientos/impulsores de regulación/legales/de auditoría • Estrategias de Datos existentes
Técnicas y Herramientas	• Herramientas colaborativas para lluvia de ideas y puntajes (por ejemplo, Mural, MS365 *Whiteboard*, etc.) • Técnica del Papel *Kraft* (*Brown Paper*) para talleres presenciales • Talleres para recolectar y priorizar objetivos estratégicos de negocio, preguntas de negocio, comportamientos relacionados con datos, y puntos de dolor relacionados con datos
Salidas	• Objetivos estratégicos de negocio priorizados • Preguntas de negocio clave priorizadas • Impulsores/motivaciones en Gestión de Datos priorizados • Comportamientos indeseados relacionados con datos priorizados • Puntos de dolor relacionados con datos priorizados
Participantes	Dependiendo del alcance definido y las áreas existentes: • Un representante de cada Línea de Negocio • Un representante de Gobierno Corporativo • Un representante de Legal • Un representante de Planeación Estratégica • Un representante de Seguridad de Información • Un representante de Arquitectura Empresarial • Un representante de TI • Líder de Gobierno de Datos y su equipo

Paso 2. Obtener Información del Negocio	
Lista de Control	• Reúna toda la documentación existente para los elementos requeridos como insumos
	• Prepare los materiales y plantillas para sus herramientas colaborativas seleccionadas o su Papel *Kraft*
	• Prepare una presentación introductoria indicando claramente la ubicación dentro del proceso y sus expectativas
	• Asegúrese que la reunión del taller se haya agendado para recolectar la información del negocio y confirme asistencias
	• Dirija la reunión para obtener información del negocio
	• Clasifique la información recabada durante los talleres

7.2.3 Paso 3: Construir/Actualizar el Lienzo de Estrategia de Alineación de Datos

En el Paso 3 comenzamos a definir las Estrategias de Datos, iniciando con la Estrategia de Alineación de Datos (Figura 26). En el Paso 2 reunimos a representantes de toda la organización para priorizar los objetivos estratégicos del negocio y las preguntas críticas del negocio. El Paso 3 se centra en identificar los datos necesarios para responder a estas preguntas, existan o no. Esta primera estrategia requiere solo tres de los insumos identificados en el Paso 2:

- Objetivos Estratégicos de Negocio

- Preguntas de Negocio

- Puntos de Dolor Relacionados con Datos

La Estrategia de Alineación de Datos se define a través de talleres en los que participan todos los *stakeholders* relevantes (Paso 2). En preparación para los talleres, el líder de Gobierno de Datos elaborará el contenido de inicio (listas) para cada celda del Lienzo de Estrategia de Alineación de Datos. Los participantes agregarán (o tal vez eliminarán) elementos de estas listas. Por lo general, podrá completar el trabajo en tres sesiones de dos horas. Las dos primeras sesiones consistirán en identificar los elementos de cada categoría y priorizarlos. En la tercera reunión, presente a los asistentes el lienzo rellenado con todos los aportes de las sesiones anteriores. En este punto, haremos algunos ajustes más para finalizar el lienzo. La primera vez que el equipo pase por el Ciclo de Estrategia de Datos será la versión 1. Si el equipo está realizando una revisión anual del lienzo, su punto de partida será el lienzo existente. El objetivo de la primera reunión será identificar los cambios en el contenido de cada celda. En la segunda reunión, el objetivo será revisar el lienzo actualizado.

Por lo general, las revisiones anuales son más fáciles de realizar, ya que la estrategia ya existe. Sin embargo, las discusiones pueden requerir el mismo número de sesiones, dependiendo de los cambios en el entorno (interno y externo).

Flujo de Proceso del Paso 3

1. Prepárese para los Talleres de Estrategia de Alineación de Datos:

    a. Llene el lienzo.

        i. Nota: La Figura 27 indica el orden a seguir para el llenado y la lectura del Lienzo de Estrategia de Alineación de Datos.

        ii. Definimos el contenido de las celdas 1, 2 y 3 del lienzo en el Paso 2. Hay que llenar esas celdas antes del taller.

        iii. Con base en la información recopilada, prepare una lista de elementos para las celdas 4 a 14. En este punto, no se preocupe si la información es incorrecta o está incompleta. Esto es solo un punto de partida. Si está revisando la Estrategia de Alineación de Datos como parte de la revisión anual, el punto de partida es el contenido aprobado el año anterior.

    b. Prepare su herramienta colaborativa seleccionada con el diseño y las plantillas para el taller y el contenido de sus listas de artículos.

    c. Prepare algunas diapositivas para abrir la sesión. Es apropiado que la primera sesión establezca el escenario, describiendo la iniciativa, las áreas de los participantes, la mecánica de las sesiones y los objetivos de los talleres. No olvide presentar la línea de tiempo, marcando dónde se encuentra la sesión dentro de ella. Para las sesiones posteriores, puede incluir un resumen de la sesión anterior y el objetivo de la actual.

    d. Confirme que las sesiones están programadas y que los asistentes están confirmados. Las sesiones no deben durar más de dos horas, así que asegúrese de tener una agenda clara con el tiempo asignado a cada actividad. Designe un cronometrador.

2. Dirija las Sesiones del Taller:

a. Se requieren al menos dos sesiones para capturar el contenido de las celdas 4 a 8. Utilice la primera sesión para trabajar en las celdas 4, 5 y 6. Estos pasos se centran en los dominios de datos, los proveedores de datos y los consumidores de datos.

b. Inicie la sesión con sus diapositivas introductorias para establecer las expectativas de la audiencia para la sesión.

c. Para cada una de las celdas:

    i. Explique el propósito de la celda y provea algunos ejemplos ilustrativos del contenido.

    ii. Solicite a los asistentes escribir, individualmente, sus ideas de artículos para cada celda específica.

    iii. Dé tiempo a todos los asistentes para leer todas las ideas de otros *stakeholders* y votar por las cinco más relevantes. Esto definirá prioridades.

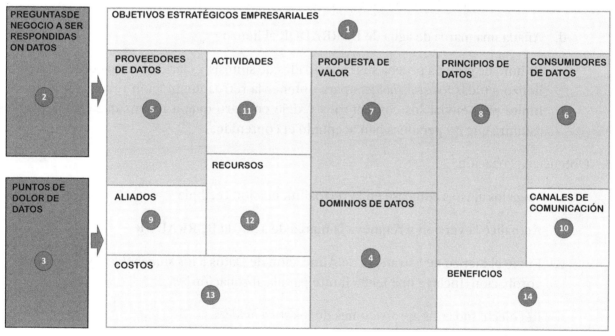

© 2023 María Guadalupe López Flores., Servicios de Estrategia y Gestión de Datos Aplicada, S.C., segda.com.mx

Figura 27 Orden de llenado y lectura del Lienzo de Estrategia de Alineación de Datos

3. Llene el Lienzo de Estrategia de Alineación de Datos:

a. Este es un ejercicio de síntesis. En las celdas 4 a 8 debe encajar todas las ideas propuestas por los *stakeholders* en el orden de prioridad. Como se ha señalado, las celdas 4 a 6 se centran en los dominios de datos, los productores de datos y los consumidores de datos. Las celdas 7 y 8 se centran en los principios de datos y en la propuesta de valor de la Gestión de Datos. La combinación le permite desarrollar una imagen de cómo alinear los datos para satisfacer las necesidades del negocio. Todos los materiales recopilados a lo largo del recorrido son el antecedente para sustentar el contenido de esta pieza de la Estrategia de Datos, así que asegúrese de almacenarlos como referencia y soporte.

b. Con base en su conocimiento de la organización y en los insumos que ahora tiene de los Pasos 1 y 2, ahora puede llenar las celdas 9 a 14, las cuales se enfocan en factores requeridos por el programa de Gestión de Datos. (Refiera al Capítulo 5 para describir qué va en cada celda.)

4. Solicite Retroalimentación:

a. Dirija la tercera sesión con los *stakeholders* para presentar el Lienzo de Estrategia de Alineación de Datos completo. Obtenga retroalimentación, principalmente, de las celdas 9 a 14, las cuales no llenó en conjunto con ellos

b. Produzca la versión final del Lienzo de Estrategia de Alineación de Datos

c. Asegúrese que el lienzo resultante cuente con fecha e información de versión válidas.

d. Añada una marca de agua de BORRADOR al lienzo.

e. Es hora de poner a prueba sus capacidades de síntesis y claridad enviando el borrador del lienzo a todas los *stakeholders* para obtener la retroalimentación final. Defina una fecha límite para enviar los comentarios y deje en claro que, a menos que reciba respuesta, asumirá que las personas han aceptado el contenido.

5. Obtenga Aprobación:

a. Haga los ajustes con base en la retroalimentación recibida.

b. Actualice la versión y remueva la marca de agua de BORRADOR.

c. Envíe el Lienzo de Estrategia de Alineación de Datos a los *stakeholders* y solicite su aprobación. Incluya una fecha límite para la aprobación

d. Recolecte todas las aprobaciones de los *stakeholders*.

e. Presente los resultados al patrocinador para obtener su aprobación.

6. Vaya al Paso 9 – Comunicar y Socializar

Tabla 5 Resumen del Paso 3

Paso 3. Construir/Actualizar Lienzos de Estrategia de Alineación de Datos	
Objetivo	• Identificar el tipo de datos requeridos para abordar las necesidades de negocio • Identificar a los productores y consumidores de datos • Identificar los Principios en cómo gestionar datos • Identificar la propuesta de valor de las Estrategias de Datos • Identificar las actividades clave requeridas para establecer un Programa de Gestión de Datos sustentable • Identificar costos y beneficios altos de tener una Gestión de Datos
Propósito	Ya sea la primera vez que se produce o si es una revisión anual subsecuente, el propósito de construir una Estrategia es: • Alinear las categorías de datos (dominios) requeridos para abordar los Objetivos Estratégicos de Negocio y las Preguntas de Negocio, así como aquellas vinculadas con puntos de dolor relacionados con datos • Crear consenso sobre los principios que la organización debe seguir sobre cómo producir y utilizar datos • Priorizar las categorías de datos sobre las cuales la Gestión de Datos debe enfocarse • Priorizar los principales productores y consumidores de dominios de datos • Crear consenso sobre la propuesta de valor de las Estrategias de Datos y el Programa de Gestión de Datos • Presentar explícitamente las actividades clave y los recursos requeridos para materializar las Estrategias de Datos
Insumos	• Objetivos Estratégicos de Negocio priorizados • Preguntas de negocio clasificadas y priorizadas • Motivaciones en Gestión de Datos priorizadas • Comportamientos indeseados relacionados con datos priorizados • Puntos de dolor relacionados con datos priorizados
Técnicas y Herramientas	• Taller para revisar/actualizar la Estrategia de Alineación de Datos • Plantilla de Lienzo de Estrategia de Alineación de Datos • Herramientas colaborativas para lluvia de ideas y puntuación (por ejemplo, Mural, MS365 *Whiteboard*, etc.) • Técnica de papel *Kraft* para talleres presenciales
Salidas	• Lienzo de Estrategia de Alineación de Datos

Participantes	• Líder de Gobierno de Datos y equipo
	• Un representante de:
	    ○ Cada Línea de Negocio
	    ○ Gobierno Corporativo
	    ○ Legal
	    ○ Planeación Estratégica
	    ○ Seguridad de Información
	    ○ Arquitectura Empresarial
	    ○ TI

Paso 3. Construir/Actualizar Lienzos de Estrategia de Alineación de Datos	
Lista de Control	• Tenga todos los insumos clasificados y priorizados • Prepare sus materiales y plantillas para la herramienta colaborativa seleccionada o el Papel Kraft • Prepare una presentación introductoria que indique claramente la ubicación en el proceso y las expectativas para este paso específico • Llene previamente el Lienzo de Estrategia de Alineación de Datos con la información que ha identificado hasta ahora • Asegúrese que la reunión para el taller de revisión/actualización del lienzo de Estrategia de Alineación de Datos ha sido agendada • Dirija la reunión de revisión/actualización del lienzo de Estrategia de Alineación de Datos • Obtenga retroalimentación final • Obtenga aprobaciones

7.2.4 Paso 4: Construir/Actualizar el Lienzo de Estrategia de Gestión de Datos

Al llegar al Paso 4 conocemos los objetivos estratégicos de negocio a los que puede contribuir un buen programa de Gestión de Datos. También conocemos los dominios de datos necesarios para respaldarlos y el orden en el que debemos enfocarnos a estos dominios. Es el momento de identificar y priorizar las Funciones de Gestión de Datos para respaldar el programa y la estrategia de negocio. Priorizar estas funciones es fundamental para construir el programa general.

El paso 4 está dedicado a producir el Lienzo de Estrategia de Gestión de Datos basado en los impulsores o motivaciones para la Gestión de Datos (punto 2 en la Figura 28). Establece las expectativas sobre lo que se debe lograr para las funciones de Gestión de Datos priorizadas durante un período de tres años en apoyo de la Estrategia de Datos.

Flujo de Proceso del Paso 4

1. Prepárese para los talleres de Estrategia de Gestión de Datos:

   a. Con base en los insumos del Paso 2, la Estrategia de Alineación de Datos producida en el Paso 3, y toda la documentación de apoyo, prepare una lista de artículos para cada celda en el lienzo mostrado en la Figura 28.

      i. El contenido para las celdas 2 a 5 proviene del Paso 2.

      ii. Para la primera sesión del taller, llene la celda 1 y después realice borradores de listas para las celdas 6 a 14.

      iii. Las celdas 15 a 23 serán cubiertas en la segunda sesión. Si tiene contenido para éstas, prepárelo, pero no lo agregue hasta después de la primera sesión.

  b. Prepare su herramienta colaborativa seleccionada con el diseño y las plantillas para el taller y el contenido de su lista de artículos.

  c. Prepare algunas diapositivas para abrir la sesión. Es apropiado para la primera sesión plantear el panorama al describir la iniciativa, las áreas participantes, las mecánicas de las sesiones, y las metas de los talleres. No olvide presentar la línea de tiempo, indicando la sesión dentro de ella. Para las sesiones subsecuentes puede incluir un resumen de la sesión previa y la meta de la actual.

  d. Con base en la información con la que cuenta actualmente, llene el Lienzo de Estrategia de Gestión de Datos (Figura 28).

  e. Agende al menos dos sesiones de taller para tener suficiente tiempo para identificar y priorizar los artículos para las celdas 1 y 6 a 23.

  f. Confirme la asistencia de los participantes.

2. Dirija las sesiones del taller:

  a. Use la primera sesión para trabajar en el contenido para las celdas 1 y 6 a 14

  b. Inicie la sesión con sus diapositivas introductorias para establecer las expectativas de la audiencia.

  c. Para la celda 1:

      i. Explique el propósito de la celda y provea algunos ejemplos ilustrativos de su contenido.

      ii. Pida a los asistentes individualmente escribir sus ideas de artículos para esta celda específica.

      iii. Dé tiempo a los asistentes para leer todas las ideas de los otros *stakeholders* y votar por las cinco más relevantes.

  d. Para las celdas 6 a 14 utilice el lienzo prellenado para guiar la conversación.

      i. Pida a los participantes dejar o quitar los artículos enlistados y sugerir nuevos.

      ii. Pida a los participantes votar por los tres temas más importantes; la prioridad se establecerá con base en esto.

3. Refine el Lienzo de Estrategia de Gestión de Datos:

  a. Llene las celdas 2 a 5 con las salidas del Paso 2.

b. Este es un ejercicio de síntesis. Debe acomodar en las celdas 1 y 6 a 23 del lienzo todas las ideas propuestas por los *stakeholders* en el orden de prioridad establecido en el Paso 2. (Refiérase al Capítulo 5 para una descripción completa del contenido de cada celda.)

4. Solicite Retroalimentación:

a. Asegúrese que el lienzo resultante cuente con fecha e información de versión válidas.

b. Agregue al lienzo una marca de agua de BORRADOR.

a. Envíe el lienzo llenado a todos los *stakeholders* que participaron en su definición para proveer retroalimentación. Defina una fecha límite para enviar los comentarios y deje en claro que, a menos que reciba respuesta, asumirá que las personas han aceptado el contenido.

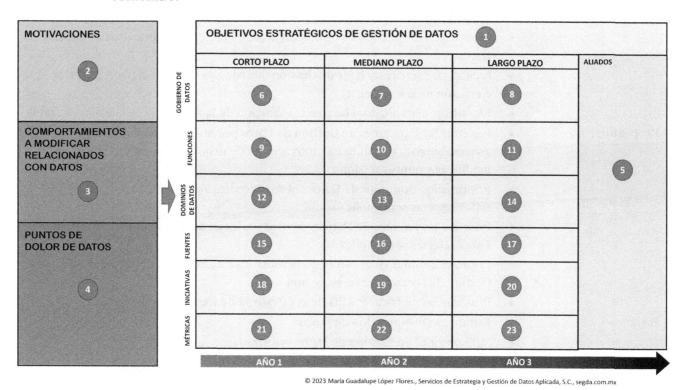

© 2023 María Guadalupe López Flores., Servicios de Estrategia y Gestión de Datos Aplicada, S.C., segda.com.mx

Figura 28 Orden de llenado y lectura del Lienzo de Estrategia de Gestión de Datos

5. Obtenga Aprobación:

a. Haga los ajustes con base en la retroalimentación recibida.

b. Actualice la versión y remueva la marca de agua de BORRADOR.

c. Envíe el Lienzo de Estrategia de Gestión de Datos a los *stakeholders* y solicite su aprobación. Incluya una fecha límite para la aprobación.

  d. Recolecte todas las aprobaciones de los *stakeholders*.

  e. Presente los resultados al patrocinador para obtener su aprobación.

6. Vaya al Paso 9 – Comunicar y Socializar

Tabla 6 Resumen del Paso 4

Paso 4. Construir/Actualizar el Lienzo de Estrategia de Gestión de Datos	
Objetivo	• Identificar los Objetivos Estratégicos de Gestión de Datos • Identificar las Capacidades de Gobierno de Datos requeridas para abordar las necesidades de negocio • Identificar las funciones de Gestión de Datos requeridas para abordar las necesidades de negocio • Identificar las iniciativas estratégicas actuales para probar prácticas de Gestión de Datos • Identificar métricas y KPIs de Gestión de Datos para medir el progreso de la ejecución de la estrategia • Identificar a los aliados clave en la ejecución de la Estrategia de Gestión de Datos
Propósito	• Priorizar las Funciones de Gestión de Datos por abordar en una manera gobernable para responder a motivaciones de negocio, comportamientos por modificar y puntos de dolor • Priorizar los Dominios de Datos sobre los cuales algunas Funciones de Gestión de Datos selectas serán aplicadas • Priorizar las Fuentes de Datos sobre los cuales algunas Funciones de Gestión de Datos selectas serán aplicadas • Priorizar las iniciativas estratégicas sobre los cuales algunas Funciones de Gestión de Datos selectas serán aplicadas • Priorizar las métricas y KPIs de la Estrategia de Gestión de Datos
Insumos	• Estrategia de Alineación de Datos • Motivaciones en Gestión de Datos priorizadas • Comportamientos Indeseados Relacionados con Datos priorizados • Puntos de Dolor Relacionados con Datos priorizados
Técnicas y Herramientas	• Taller para revisar/actualizar la Estrategia de Gestión de Datos • Plantilla del Lienzo de Estrategia de Gestión de Datos • Herramientas colaborativas para lluvia de ideas y puntuación (por ejemplo, Mural, MS365 *Whiteboard*, etc.) • Técnica de papel *kraft* para talleres presenciales
Salidas	• Lienzo de Estrategia de Gestión de Datos

Paso 4. Construir/Actualizar el Lienzo de Estrategia de Gestión de Datos	

Participantes	• Líder de Gobierno de Datos y equipo
	• Un representante de:
	    ○ Cada Línea de Negocio
	    ○ Seguridad de Información
	    ○ Arquitectura Empresarial
	    ○ TI
	    ○ Gestión de Proyectos

Lista de Control	• Prepare sus materiales y plantillas para la herramienta colaborativa seleccionada o el Papel *Kraft* • Prepare una presentación introductoria que indique claramente la ubicación en el proceso y las expectativas para este paso específico • Llene previamente el Lienzo de Estrategia de Gestión de Datos con la información que ha identificado hasta ahora • Asegúrese que la reunión para el taller de revisión/actualización del lienzo de Estrategia de Gestión de Datos ha sido agendada • Dirija la reunión de revisión/actualización del lienzo de Estrategia de Gestión de Datos • Obtenga retroalimentación final • Obtenga aprobaciones

7.2.5 Paso 5: Construir/Actualizar el Lienzo de Estrategia de Gobierno de Datos

En el Paso 4 priorizamos las Funciones de Gestión de Datos, empezando por las Capacidades de Gobierno de Datos. El paso 5 profundizará en los detalles del Gobierno de Datos. Todos los lienzos de Estrategia de Datos establecen expectativas sobre lo que se debe lograr a lo largo del tiempo a través de la aplicación de prácticas de Gestión de Datos. El Gobierno de Datos es la función de Gestión de Datos más visible y guía las demás funciones (Arquitectura de Datos, Calidad de Datos, Gestión de Metadatos, Integración de Datos, etc.). En este paso definiremos los objetivos estratégicos de Gobierno de Datos, qué capacidades desplegar a lo largo del tiempo y quién dará vida a esta función. Uno de los aspectos más importantes es definir qué objetos (procesos de negocio, reportes regulatorios, repositorios de datos, etc.) serán priorizados para el gobierno.

Es altamente recomendado que, antes de planear un Gobierno de Datos estratégico, usted ya tenga seleccionado un Modelo de Madurez de Gestión de Datos enfocado a capacidades (refiérase al Capítulo 2).

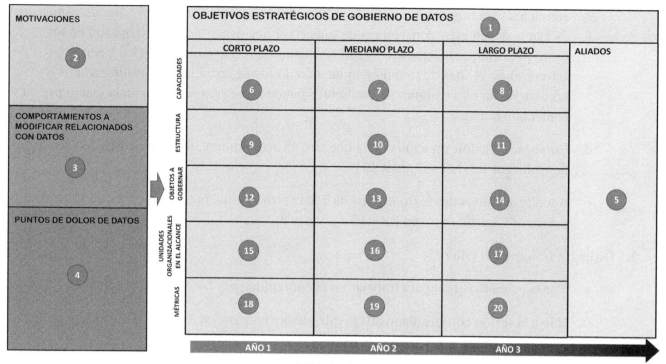

© 2023 María Guadalupe López Flores., Servicios de Estrategia y Gestión de Datos Aplicada, S.C., segda.com.mx

Figura 29 Orden de llenado y lectura del Lienzo de Estrategia de Gobierno de Datos

Flujo de Proceso del Paso 5

1. Prepárese para los talleres de Estrategia de Gobierno de Datos:

    a. Con base en los insumos producidos en el Paso 2, la Estrategia de Alineación de Datos producida en el Paso 3, la Estrategia de Gestión de Datos producida en el Paso 4, y toda la documentación de soporte, prepare una lista de elementos para cada celda en el lienzo mostrado en la Figura 29.

        i. Del Paso 2 obtendrá el contenido de las celdas 2 a 5.

        ii. Sería bueno refinar la celda 5 para identificar los aliados que brindan apoyo al Gobierno de Datos (por ejemplo, la Oficina de Gestión de Proyectos, Comunicación Interna, Auditoría, Cumplimiento, etc.).

        iii. Para la primera sesión del taller, prepárese para iniciar con la celda 1 y cubra las celdas 6 a 11. Cubriremos las celdas 12 a 20 en la segunda sesión.

    b. Prepare su herramienta colaborativa seleccionada con el diseño y las plantillas para el taller y el contenido de su lista de artículos.

    c. Prepare algunas diapositivas para abrir la sesión. Es apropiado para la primera sesión plantear el panorama al describir la iniciativa, las áreas participantes, las mecánicas de las sesiones, y las metas de los talleres. Esto será útil para documentar todos los ejercicios para futura referencia. Los *stakeholders* participantes en el taller de Gobierno de Datos deben estar conscientes de todas las iniciativas ya que participaron en los pasos previos. Estas diapositivas son las mismas que usted utilizó en los pasos 3 y 4, actualizando la línea de tiempo e indicando dónde se encuentra la sesión en la secuencia. Para las sesiones subsecuentes puede incluir un resumen de la sesión previa y la meta de la actual.

d. Con base en la información con la que cuenta actualmente, llene el Lienzo de Estrategia de Gobierno de Datos (Figura 29).

e. Agende al menos dos sesiones de taller para tener suficiente tiempo para identificar y priorizar los artículos para las celdas 1 y 6 a 20.

2. Dirija las sesiones del taller:

a. Use la primera sesión para trabajar en el contenido para las celdas 1 y 6 a 11

b. Inicie la sesión con sus diapositivas introductorias para establecer las expectativas de la audiencia.

c. Para la celda 1:

i. Explique el propósito de la celda y provea algunos ejemplos ilustrativos de su contenido.

ii. Pida a los asistentes individualmente escribir sus ideas de artículos para esta celda específica.

iii. Dé tiempo a los asistentes para leer todas las ideas de los otros *stakeholders* y votar por las cinco más relevantes.

d. Para las celdas 6 a 11 utilice el lienzo prellenado para guiar la conversación.

i. Pida a los participantes dejar o quitar los artículos enlistados y sugerir nuevos.

ii. Pida a los participantes votar por los tres temas más importantes.

3. Refine el Lienzo de Estrategia de Gobierno de Datos:

a. Llene las celdas 2 a 5 con las salidas del Paso 2.

b. Este es un ejercicio de síntesis. Debe acomodar en las celdas 1 y 6 a 23 del lienzo todas las ideas propuestas por los *stakeholders* en el orden de prioridad sugerida. (Refiérase al Capítulo 5 para una descripción completa del contenido de cada celda.)

4. Solicite Retroalimentación:

a. Asegúrese que el lienzo resultante cuente con fecha e información de versión válidas.

b. Agregue al lienzo una marca de agua de BORRADOR.

c. Es hora de probar sus capacidades de síntesis y claridad al enviar el lienzo llenado a todos los *stakeholders* que participaron en su definición para proveer retroalimentación. Defina una fecha límite para enviar los comentarios y deje en claro que, a menos que reciba respuesta, asumirá que las personas han aceptado el contenido.

5. Obtenga Aprobación:

   a. Haga los ajustes con base en la retroalimentación recibida.

   b. Actualice la versión y remueva la marca de agua de BORRADOR.

   c. Envíe el Lienzo de Estrategia de Gobierno de Datos a los *stakeholders* que participaron en la definición y solicite su aprobación. Incluya una fecha límite para la aprobación.

   d. Recolecte todas las aprobaciones de los *stakeholders*.

   e. Presente los resultados al patrocinador para obtener su aprobación.

6. Vaya al Paso 9 – Comunicar y Socializar

Tabla 7 Resumen del Paso 5

Paso 5. Construir/Actualizar el Lienzo de Estrategia de Gobierno de Datos	
Objetivo	• Identificar los Objetivos Estratégicos de Gobierno de Datos • Confirmar y complementar las Capacidades de Gobierno de Datos identificadas en la Estrategia de Gestión de Datos requerida para abordar las necesidades de negocio, modificar comportamientos relacionados con cados, o remedias puntos de dolor relacionados con datos • Identificar la estructura organizacional requerida para ejecutar la práctica de Gobierno de Datos • Identificar los objetos por Gobernar (procesos, reportes, repositorios de datos, fuentes de datos, dominios de datos, etc.) • Identificar las unidades de negocio que adoptarán la práctica de Gobierno de Datos • Identificar métricas y KPIs de Gestión de Datos para medir el progreso de la ejecución de la estrategia • Identificar a los aliados clave en la ejecución de la Estrategia de Gobierno de Datos

Paso 5. Construir/Actualizar el Lienzo de Estrategia de Gobierno de Datos	
Propósito	• Priorizar las capacidades de Gobierno de Datos por establecer en la organización a través del tiempo • Priorizar los roles de Gobierno de Datos y los cuerpos de gobierno por asignar/establecer a través del tiempo y las áreas de la organización donde actuarán • Priorizar los objetos relacionados con datos que serán gobernados dentro de la organización • Priorizar las unidades organizacionales donde la práctica de Gobierno de Datos será implementada • Priorizar las métricas y KPIs de la Estrategia de Gobierno de Datos
Insumos	• Estrategia de Alineación de Datos • Estrategia de Gestión de Datos • Motivaciones en Gestión de Datos priorizadas • Comportamientos Indeseados Relacionados con Datos priorizados • Puntos de Dolor Relacionados con Datos priorizados
Técnicas y Herramientas	• Taller para revisar/actualizar la Estrategia de Gobierno de Datos • Plantilla del Lienzo de Estrategia de Gobierno de Datos • Herramientas colaborativas para lluvia de ideas y puntuación (por ejemplo, Mural, MS365 Whiteboard, etc.) • Técnica de papel kraft para talleres presenciales
Salidas	• Lienzo de Estrategia de Gobierno de Datos
Participantes	• Líder de Gobierno de Datos y equipo • Un representante de las funciones de Gestión de Datos identificadas como prioritarias (si existen)
Lista de Control	• Prepare sus materiales y plantillas para la herramienta colaborativa seleccionada o el Papel *Kraft* • Prepare una presentación introductoria que indique claramente la ubicación en el proceso y las expectativas para este paso específico • Llene previamente el Lienzo de Estrategia de Gobierno de Datos con la información que ha identificado hasta ahora • Asegúrese que la reunión para el taller de revisión/actualización del lienzo de Estrategia de Gobierno de Datos ha sido agendada • Dirija la reunión de revisión/actualización del lienzo de Estrategia de Gestión de Datos • Obtenga retroalimentación final • Obtenga aprobaciones

7.2.6 Paso 6: Construir/Actualizar el Lienzo de Estrategia de Función Específica de Gestión de Datos

Se priorizaron las Funciones de Gestión de Datos como parte de la producción del Lienzo de Estrategia de Gestión de Datos. Es posible que algunas de estas funciones ya estén implementadas. Por ejemplo, suele existir algún nivel de Almacenamiento y Operaciones de Datos, así como de Integración de Datos. La existencia de estas funciones no significa que estén maduras, adecuadamente gobernadas o alineadas estratégicamente. Las diferentes funciones estarán en diferentes niveles de madurez. Por lo tanto, la estrategia los asociará con diferentes tipos de metas. Por ejemplo, si no existe la Gestión de Metadatos, la meta a corto plazo será establecer las capacidades iniciales. Si el Almacenamiento de Datos ya existe, las metas a corto plazo incluirán el desarrollo de políticas y reglas para garantizar que los procesos se gobiernen correctamente. Como se describe en comparación con el taburete de tres patas en el Capítulo 5, es mejor abordar no más de tres Funciones de Gestión de Datos a la vez, siendo el Gobierno de Datos siempre una de esas tres.

La Estrategia de Gobierno de Datos se discutió en el Paso 5. A continuación, defina una estrategia para cada una de las Funciones de Gestión de Datos prioritarias. El Lienzo de Estrategia de Función Específica de Gestión de Datos (Figura 30) es muy similar al Lienzo de Estrategia de Gobierno de Datos (Figura 29). Puede ver que una vez que produzca el Lienzo de Estrategia de Gestión de Datos, el resto vendrá más fácilmente. Todos están unidos por los mismos hilos conductores: las motivaciones de negocio, los puntos de dolor relacionados con datos y los comportamientos por modificar relacionados con datos. Estas listas de influencia se desarrollan en las celdas 6 a 20.

Figura 30 Orden de llenado y lectura del Lienzo de Estrategia de Función Específica de Gestión de Datos

Flujo de Proceso del Paso 6

1. Prepárese para los talleres de Estrategia de Función Específica de Gestión de Datos:

    a. Con base en los insumos producidos en el Paso 2, la Estrategia de Alineación de Datos producida en el Paso 3, la Estrategia de Gestión de Datos producida en el Paso 4, la Estrategia de Gobierno de Datos producida en el paso 5, y toda la documentación de soporte, prepare una lista de artículos para cada celda en el lienzo mostrado en la Figura 30.

        i. Del Paso 2 obtendrá el contenido de las celdas 2 a 5. En este caso, nuevamente, puede requerir refinar la celda 5 con Aliados específicos.

        ii. Para la primera sesión del taller, prepárese para iniciar con la celda 1 y cubra las celdas 6 a 11.

        iii. Cubriremos las celdas 12 a 20 en la segunda sesión.

    b. Prepare su herramienta colaborativa seleccionada con el diseño y las plantillas para el taller y el contenido de su lista de artículos.

    c. Prepare algunas diapositivas para abrir la sesión. Es apropiado para la primera sesión plantear el panorama al describir la iniciativa, las áreas participantes, las mecánicas de las sesiones, y las metas de los talleres. La mayoría de los *stakeholders* participantes en este paso <u>no</u> han participado en los anteriores, por lo que el contexto será necesario y bienvenido. No olvide presentar la línea de tiempo, indicando dónde se encuentra la sesión en la secuencia. Para las sesiones subsecuentes puede incluir un resumen de la sesión previa y la meta de la actual.

d. Con base en la información con la que cuenta actualmente, llene el Lienzo de Estrategia de Función Específica de Gestión de Datos (Figura 30).

e. Agende al menos dos sesiones de taller para tener suficiente tiempo para identificar y priorizar los artículos para las celdas 1 y 6 a 20.

2. Dirija las sesiones del taller:

a. Use la primera sesión para trabajar en el contenido para las celdas 1 y 6 a 11

b. Inicie la sesión con sus diapositivas introductorias para establecer las expectativas de la audiencia.

c. Para la celda 1:

   i. Explique el propósito de la celda y provea algunos ejemplos ilustrativos de su contenido.

   ii. Pida a los asistentes individualmente escribir sus ideas de elementos para esta celda específica.

   iii. Dé tiempo a los asistentes para leer todas las ideas de los otros *stakeholders* y votar por las cinco más relevantes.

d. Para las celdas 6 a 11 utilice el lienzo prellenado para guiar la conversación.

   i. Pida a los participantes dejar o quitar los elementos enlistados y sugerir nuevos.

   ii. Pida a los participantes votar por los tres temas más importantes.

3. Refine el Lienzo de Estrategia de Función Específica de Gestión de Datos:

a. Llene las celdas 2 a 5 con las salidas del Paso 2. La celda 5 puede cambiar con base en insumos adicionales que obtenga de la primera sesión de este paso.

b. Debe acomodar en las celdas 1 y 6 a 23 del lienzo todas las ideas propuestas por los *stakeholders* en el orden de prioridad sugerida. (Refiérase al Capítulo 5 para una descripción completa del contenido de cada celda.)

4. Solicite Retroalimentación:

a. Asegúrese que el lienzo resultante cuente con fecha e información de versión válidas.

b. Agregue al lienzo una marca de agua de BORRADOR.

c. Es hora de probar sus capacidades de síntesis y claridad al enviar el lienzo llenado a todos los *stakeholders* que participaron en su definición para proveer retroalimentación. Defina una fecha límite para enviar los comentarios y deje en claro que, a menos que reciba respuesta, asumirá que las personas han aceptado el contenido.

5. Obtenga Aprobación:

a. Haga los ajustes con base en la retroalimentación recibida.

b. Actualice la versión y remueva la marca de agua de BORRADOR.

c. Envíe el Lienzo de Estrategia de Función Específica de Gestión de Datos a los *stakeholders* que participaron en la definición y solicite su aprobación. Incluya una fecha límite para la aprobación.

d. Recolecte todas las aprobaciones de los *stakeholders*.

e. Presente los resultados al patrocinador para obtener su aprobación.

6. Vaya al Paso 9 – Comunicar y Socializar

Tabla 8 Resumen del Paso 6

Paso 6. Construir/Actualizar el Lienzo de Estrategia de Función Específica de Gestión de Datos	
Objetivo	<ul><li>Identificar los Objetivos Estratégicos de la Función Específica de Gestión de Datos</li><li>Identificar las Capacidades de la Función Específica de Gestión de Datos requeridas para abordar las necesidades de negocio, modificar comportamientos relacionados con datos, y remediar puntos de dolor relacionados con datos</li><li>Identificar la estructura organizacional requerida para ejecutar la práctica de la Función Específica de Gestión de Datos</li><li>Identificar los objetos (procesos, reportes, repositorios de datos, fuentes de datos, dominios de datos, etc.) sobre los cuales la Función Específica de Gestión de Datos se aplicará</li><li>Identificar el alcance que tendrá la Función Específica de Gestión de Datos</li><li>Identificar métricas y KPIs de la Función Específica de Gestión de Datos para medir el progreso de la ejecución de la estrategia</li><li>Identificar a los aliados clave para la Estrategia de Función Específica de Gestión de Datos</li></ul>

Paso 6. Construir/Actualizar el Lienzo de Estrategia de Función Específica de Gestión de Datos	
Propósito	• Priorizar las capacidades de la Función Específica de Gestión de Datos por establecer en la organización a través del tiempo • Priorizar los roles de la Función Específica de Gestión de Datos y los cuerpos de gobierno por asignar/establecer a través del tiempo y las áreas de la organización donde actuarán • Priorizar los objetos relacionados con datos sobre los cuales la Función Específica de Gestión de Datos se aplicará • Priorizar las unidades organizacionales donde la Función Específica de Gestión de Datos será desplegada • Priorizar las métricas y KPIs de la Estrategia de Función Específica de Gestión de Datos
Insumos	• Estrategia de Alineación de Datos • Estrategia de Gestión de Datos • Estrategia de Gobierno de Datos • Modelo de Negocios de Gobierno de Datos • Motivaciones en Gestión de Datos priorizadas • Comportamientos Indeseados Relacionados con Datos priorizados • Puntos de Dolor Relacionados con Datos priorizados
Técnicas y Herramientas	• Taller para revisar/actualizar la Hoja de Ruta Específica de Gestión de Datos • Plantilla del Lienzo de Función Específica de Gestión de Datos • Herramientas colaborativas para lluvia de ideas y puntuación (por ejemplo, Mural, MS365 *Whiteboard*, etc.) • Técnica de papel Kraft para talleres presenciales
Salidas	• Lienzo de Función Específica de Gestión de Datos
Participantes	• Líder de Gobierno de Datos y equipo • Equipo de la Función Específica de Gestión de Datos
Lista de Control	• Prepare sus materiales y plantillas para la herramienta colaborativa seleccionada o el Papel *Kraft* • Prepare una presentación introductoria que indique claramente la ubicación en el proceso y las expectativas para este paso específico • Llene previamente el Lienzo de Función Específica de Gestión de Datos con la información que ha identificado hasta ahora • Asegúrese que la reunión para el taller de revisión/actualización del lienzo de Función Específica de Gestión de Datos ha sido agendada • Dirija la reunión de revisión/actualización del lienzo de Función Específica de Gestión de Datos • Obtenga retroalimentación final • Obtenga aprobaciones

7.2.7 Paso 7: Construir/Actualizar el Lienzo de Modelo de Negocio de Gobierno de Datos

En el Capítulo 5 discutimos el poder detrás del Lienzo de Modelo de Negocio de Alexander Osterwalder y por qué se convirtió en la principal fuente de inspiración para los Lienzos de Estrategia de Datos. Puede aplicarse no sólo a organizaciones grandes y pequeñas, sino también a todo tipo de funciones individuales dentro de una organización. Para cualquier función que desee nombrar, siempre hay un cliente al que se atiende, una propuesta de valor para ese cliente, y actividades que realizar para cumplir con esa propuesta. Es por eso por lo que se puede modelar todas las Funciones de Gestión de Datos utilizando este lienzo. El Gobierno de Datos es la función central de la Gestión de Datos. Tener un enfoque al respecto es necesario para formalizar las demás Funciones de Gestión de Datos, por lo que lo utilizamos para describir este paso del ciclo. Todas las demás Funciones de Gestión de Datos también tendrán su propio Lienzo de Modelo de Negocio. Documentar estos Modelos de Negocio contribuye significativamente a la creación de equipos, ya que establecen qué hacer, para quién, quién ayudará en el camino, cuánto costará y cuáles serán los beneficios.

La Figura 31 muestra el Lienzo de Modelo de Negocio genérico con los insumos identificados y priorizados en el Paso 2.

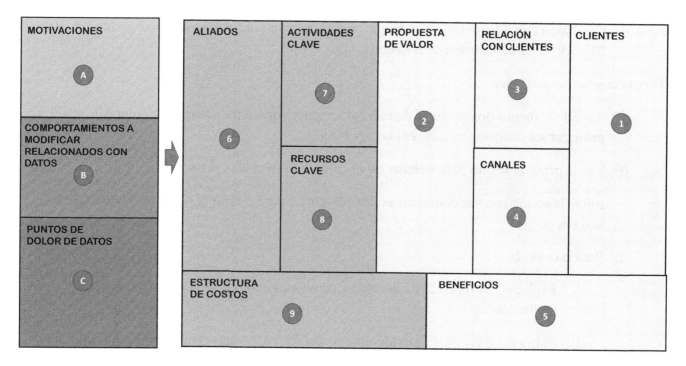

The Business Model Canvas CC License A. Osterwalder, Strategyzer.com www.strategyzer.com

Figura 31 Modelo de Negocio de Gobierno de Datos

Flujo de Proceso del Paso 7

1.Prepárese para los talleres en Modelo de Negocio de Gobierno de Datos:

a. Con base en los insumos producidos en el Paso 2, la Estrategia de Alineación de Datos producida en el Paso 3, la Estrategia de Gestión de Datos producida en el Paso 4, la Estrategia de Gobierno de Datos producida en el paso 5, y toda la documentación de soporte, prepare una lista de artículos para cada celda en el lienzo mostrado en la Figura 31.

  i. Del Paso 2 obtendrá el contenido de las celdas A, B y C.

  ii. Para la primera sesión del taller, prepárese para iniciar con la celda 1 y posteriormente cubra las celdas 1 a 5.

  iii. Las celdas 6 a 9 podrían requerir una segunda sesión.

b. Prepare su herramienta colaborativa seleccionada con el diseño y las plantillas para el taller y el contenido de su lista de artículos.

c. Prepare algunas diapositivas para abrir la sesión. Aunque los *stakeholders* participantes han estado presentes en los pasos previos, es útil contar con una presentación actualizada para esta sesión, que servirá como documentación para futura referencia. No olvide presentar la línea de tiempo, indicando dónde se encuentra la sesión en la secuencia. Para las sesiones subsecuentes puede incluir un resumen de la sesión previa y la meta de la actual.

d.   Con base en la información con la que cuenta actualmente, llene el Lienzo de Modelo de Negocio de Gobierno de Datos (Figura 31).

2. Dirija las sesiones del taller:

a.   Agende al menos dos sesiones de taller para tener suficiente tiempo para identificar y priorizar los artículos para las celdas 1 y 6 a 9

b.   Use la primera sesión para trabajar en el contenido para las celdas 1 a 5

c.   Inicie la sesión con sus diapositivas introductorias para establecer las expectativas de la audiencia.

d.   Para la celda 1:

i.   Explique el propósito de la celda y provea algunos ejemplos ilustrativos de su contenido.

ii.   Pida a los asistentes individualmente escribir sus ideas de artículos para esta celda específica.

iii.   Dé tiempo a los asistentes para leer todas las ideas de los otros *stakeholders* y votar por las cinco más relevantes.

e.   Para las celdas 6 a 11 utilice el lienzo prellenado para guiar la conversación.

i.   Pida a los participantes dejar o quitar los artículos enlistados y sugerir nuevos.

ii.   Pida a los participantes votar por los tres temas más importantes.

3. Refine el Lienzo de Estrategia de Gobierno de Datos:

a.   Llene las celdas 2 a 5 con las salidas del Paso 2.

b.   Este es un ejercicio de síntesis. Debe acomodar en las celdas 1 y 6 a 23 del lienzo todas las ideas propuestas por los *stakeholders* en el orden de prioridad sugerida. (Refiérase al Capítulo 5 para una descripción completa del contenido de cada celda.)

4. Solicite Retroalimentación:

a.   Asegúrese que el lienzo resultante cuente con fecha e información de versión válidas.

b.   Agregue al lienzo una marca de agua de BORRADOR.

c.   Es hora de probar sus capacidades de síntesis y claridad al enviar el lienzo llenado a todos los *stakeholders* que participaron en su definición para proveer retroalimentación. Defina una fecha límite para enviar los comentarios y deje en claro que, a menos que reciba respuesta, asumirá que las personas han aceptado el contenido.

5.Obtenga Aprobación:

   a. Haga los ajustes con base en la retroalimentación recibida.

   b. Actualice la versión y remueva la marca de agua de BORRADOR.

   c. Envíe el Lienzo de Modelo de Negocio de Gobierno de Datos a los *stakeholders* que participaron en la definición y solicite su aprobación. Incluya una fecha límite para la aprobación.

   d. Recolecte todas las aprobaciones de los *stakeholders*.

   e. Presente los resultados al patrocinador para obtener su aprobación.

6.Vaya al Paso 9 – Comunicar y Socializar

Tabla 9 Resumen del Paso 7

Paso 7. Construir/Actualizar el Lienzo de Modelo de Negocio de Gobierno de Datos	
Objetivo	• Identificar Clientes para el Gobierno de Datos • Identificar la Propuesta de Valor del Gobierno de Datos • Identificar los Servicios de Gobierno de Datos a través de los cuales proveer la Propuesta de Valor • Identificar los canales de comunicación que tiene el equipo de Gobierno de Datos con sus clientes • Identificar cómo mantener relaciones para mantener interés y reconocimiento de los clientes • Identificar actividades clave requeridas para cumplir con la Propuesta de Valor • Identificar los recursos clave requeridos para cumplir con la Propuesta de Valor • Identificar los aliados clave para apoyar al equipo de Gobierno de Datos en su labor de desplegar la práctica de Gobierno de Datos • Hacer explícito, a un alto nivel, el costo de implementar y mantener la práctica de Gobierno de Datos • Hacer explícito, a un alto nivel, los beneficios de contar con una práctica de Gobierno de Datos
Propósito	• Establecer expectativas claras a través de toda la organización sobre qué estará haciendo el equipo de Gobierno de Datos y para cuáles clientes internos.
Insumos	• Estrategia de Alineación de Datos • Estrategia de Gestión de Datos • Motivaciones en Gestión de Datos priorizadas • Comportamientos Indeseados Relacionados con Datos priorizados • Puntos de Dolor Relacionados con Datos priorizados

Paso 7. Construir/Actualizar el Lienzo de Modelo de Negocio de Gobierno de Datos	
Técnicas y Herramientas	• Taller para revisar/actualizar el Modelo de Negocio de Gobierno de Datos • Plantilla del Lienzo de Modelo de Negocio • Herramientas colaborativas para lluvia de ideas y puntuación (por ejemplo, Mural, MS365 *Whiteboard*, etc.) • Técnica de papel Kraft para talleres presenciales
Salidas	• Lienzo de Modelo de Negocio de Gobierno de Datos
Participantes	• Líder de Gobierno de Datos y equipo
Lista de Control	• Prepare sus materiales y plantillas para la herramienta colaborativa seleccionada o el Papel Kraft • Prepare una presentación introductoria que indique claramente la ubicación en el proceso y las expectativas para este paso específico • Llene previamente el Lienzo de Modelo de Negocio de Gobierno de Datos con la información que ha identificado hasta ahora • Asegúrese que la reunión para el taller de revisión/actualización del Lienzo de Modelo de Negocio de Gobierno de Datos ha sido agendada • Dirija la reunión de revisión/actualización del Modelo de Negocio de Gobierno de Datos • Obtenga retroalimentación final • Obtenga aprobaciones

7.2.8 Paso 8: Construir/Actualizar la Hoja de Ruta para 3 Años

El desarrollo de los Lienzos de Estrategia de Gestión de Datos (Estrategia de Gestión de Datos, Estrategia de Gobierno de Datos y Estrategia de Función Específica de Gestión de Datos) es esencial para gestionar las expectativas sobre lo que se debe lograr a lo largo del tiempo a través del programa de Gestión de Datos. Pero la mejor manera de mostrar claramente qué esperar en diferentes momentos es a través de hojas de ruta. Dado que el equipo de Gobierno de Datos orquesta la definición de las demás funciones de Gestión de Datos, la primera hoja de ruta a desarrollar es la Hoja de Ruta de Gobierno de Datos (Figuras 32, 33 y 34). Una vez definida esta hoja de ruta y las Estrategias de Función de Gestión de Datos, se puede elaborar una hoja de ruta para cada función.

Los hitos en la hoja de ruta provienen directamente de la Estrategia de Gestión de Datos y de la Estrategia de Gobierno de Datos, rodeados de hitos marcados en verde que representan la operación del Gobierno de Datos. Esto es importante para establecer y gestionar las expectativas. Debe quedar claro que no estamos pasando uno o dos años sólo estableciendo capacidades de Gobierno de Datos. Paralelamente, estamos empezando a operar el gobierno siguiendo las prioridades establecidas en las Estrategias de Gestión de Datos y de Gobierno de Datos.

Para ello, es crucial contar con un modelo formal de Madurez de Gestión de Datos basado en capacidades. La combinación de capacidades claramente definidas y los objetivos de nivel de madurez ancla los hitos en las hojas de ruta. De esta manera podemos representar las metas anuales y mejorar las capacidades priorizadas.

La Hoja de Ruta del Año 1 comienza con los niveles de madurez determinados por la evaluación de madurez de referencia. El final de este primer año muestra el nivel de madurez que la organización espera alcanzar en función de los hitos proyectados.

La Hoja de Ruta del Año 2 comienza con el nivel de madurez medido al final de la Hoja de Ruta del Año 1. Finaliza con el nivel de madurez estimado en función de los hitos proyectados. Este nivel de madurez se convierte en el punto de partida para la Hoja de Ruta del Año 3.

Después del primer año de operaciones de Gobierno de Datos, realice la evaluación de madurez de gestión de datos (idealmente basada en la evidencia en lugar de sólo en la percepción para eliminar cualquier subjetividad) para determinar la madurez real alcanzada. Utilice esta información para ajustar la hoja de ruta.

Flujo de Proceso del Paso 8

1. Prepárese para los talleres de Hoja de Ruta de Gobierno de Datos:

    a. Con base en la Estrategia de Alineación de Datos producida en el Paso 3, la Estrategia de Gestión de Datos producida en el Paso 4, la Estrategia de Gobierno de Datos producida en el paso 5, y las capacidades de Gobierno de Datos indicadas por el Modelo de Madurez de Gestión de Datos que ha elegido, prepare un borrador de la hoja de ruta a 3 años. Los insumos también incluyen el nivel de madurez actual basado en la evaluación más reciente.

    b. Empiece por establecer los hitos de las capacidades de Gobierno de Datos.

    c. De la Estrategia de Gestión de Datos determine los hitos relacionados con las prioridades esparcidas entre el corto, el mediano y el largo plazo, y establézcalos a través de la hoja de ruta.

    d. Haga lo mismo para la Estrategia de Gobierno de Datos; determine hitos relacionados con las prioridades esparcidas entre el corto, el mediano y el largo plazo, y establézcalos a través de la hoja de ruta.

    e. Con base en los insumos provistos para la creación de las Estrategias de Gestión de Datos y de Gobierno de Datos, identifique hitos que indiquen que el Gobierno de Datos está operando (Glosario de Negocio publicado, primera reunión del Comité de Gobierno de Datos, servicio de consulta de Fuentes de Datos establecido, primer conjunto de Políticas aprobado, etc.)

2. Dirija las sesiones del taller:

    a. Agende al menos dos sesiones de taller para tener suficiente tiempo para completar y refinar la Hoja de Ruta de Gobierno de Datos

    b. Use la primera sesión para complementar la lista de hitos a través de la Hoja de Ruta de Gobierno de Datos y para crear conciencia del trabajo requerido. Sea realista. Muchos equipos planean demasiados hitos para el primer año. Establecerlos y no cumplirlos puede ser desmotivador.

c. Use la segunda sesión para refinar la hoja de ruta, asegurándose que todos los hitos necesarios sean documentados y alcanzables en su distribución a lo largo de los tres años. Esta distribución debe alinearse con la prioridad definida en las Estrategias de Gestión de Datos y de Gobierno de Datos teniendo en cuenta al mismo tiempo a cada dependencia.

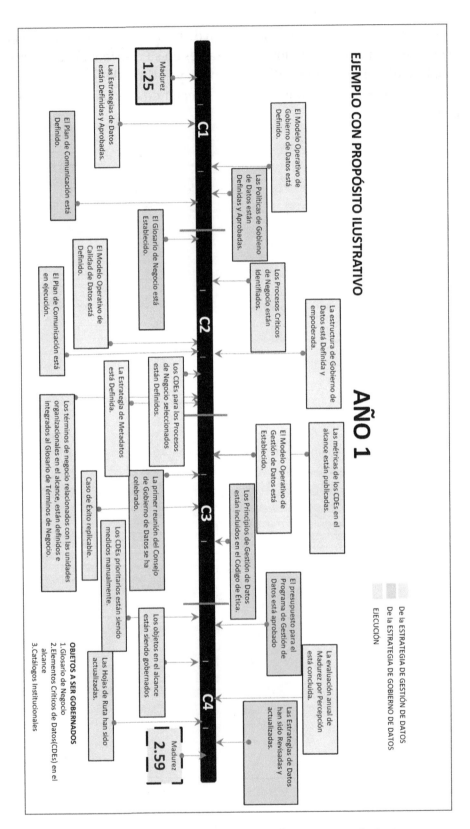

Figura 32 Mapa de Ruta de Gobierno de Datos para el año 1

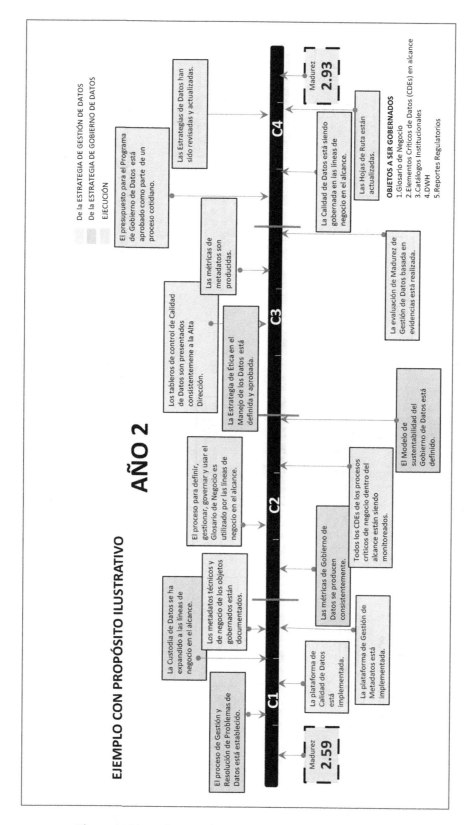

Figura 33 Mapa de Ruta de Gobierno de Datos para el año 2

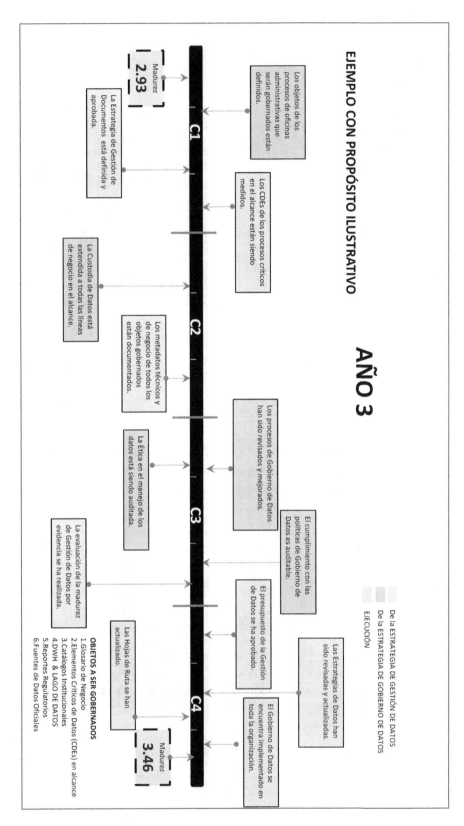

Figura 34 Mapa de Ruta de Gobierno de Datos para el año 3

3. Obtenga Aprobación:

    a. Haga los ajustes con base en la retroalimentación recibida.

    b. Actualice la versión y remueva la marca de agua de BORRADOR.

    c. Envíe la Hoja de Ruta de Gobierno de Datos para aprobación del patrocinador

4. Vaya al Paso 9 – Comunicar y Socializar

Tabla 10 Resumen del Paso 8

Paso 8. Construir/Actualizar la Hoja de Ruta para 3 Años	
Objetivo	• Identificar hitos por cumplir en los próximos tres años, basados en las Estrategias de Gestión de Datos y de Gobierno de Datos • Establecer el nivel de madurez esperado para la Gestión de Datos en cada año, basado en hitos para capacidades por establecer
Propósito	• Establecer expectativas claras a través de toda la organización sobre qué y cuándo será cumplido como parte de la ejecución de las Estrategias de Gestión de Datos y de Gobierno de Datos
Insumos	• Estrategia de Alineación de Datos • Estrategia de Gestión de Datos • Estrategia de Gobierno de Datos • Modelo de Negocios de Gobierno de Datos • Motivaciones en Gestión de Datos priorizadas • Comportamientos Indeseados Relacionados con Datos priorizados • Puntos de Dolor Relacionados con Datos priorizados
Técnicas y Herramientas	• Taller para revisar/actualizar la Hoja de Ruta de Gestión de Datos • Taller para revisar/actualizar la Hoja de Ruta de Gobierno de Datos • Plantilla de Hoja de Ruta de Gestión de Datos • Plantilla de Hoja de Ruta de Gobierno de Datos • Herramientas colaborativas para lluvia de ideas y puntuación (por ejemplo, Mural, MS365 *Whiteboard*, etc.) • Técnica de papel Kraft para talleres presenciales • Técnica de mapeo para ligar con el Plan Operacional
Salidas	• Hoja de Ruta de Gestión de Datos a 3 años • Hoja de Ruta de Gobierno de Datos a 3 años
Participantes	Para la Hoja de Ruta de Gestión de Datos: • Líder en Gestión de Datos • Líder en Gobierno de Datos y equipo • Funciones de Gestión de Datos priorizadas Para la Hoja de Ruta de Gobierno de Datos: • Líder en Gobierno de Datos y equipo

Paso 8. Construir/Actualizar la Hoja de Ruta para 3 Años	
Lista de Control	• Prepare sus materiales y plantillas para la herramienta colaborativa seleccionada o el Papel *Kraft* • Prepare una presentación introductoria que indique claramente la ubicación en el proceso y las expectativas para este paso específico • Bosqueje la Hoja de Ruta de Gestión de Datos para iniciar la discusión • Asegúrese que las reuniones para el taller de revisión/actualización de las Hojas de Ruta de Gestión de Datos y de Gobierno de Datos han sido agendadas • Dirija la reunión de revisión/actualización de las Hojas de Ruta de Gestión de Datos y de Gobierno de Datos

7.2.9 Paso 9: Comunicar y Socializar

Una pieza fundamental de este rompecabezas es la comunicación. Hemos hablado de los beneficios de utilizar lienzos para facilitar la comunicación. Los lienzos no valdrían nada si los produjéramos y los guardáramos en un cajón. La iniciativa de Estrategia de Datos es un proceso continuo que debe comunicarse ampliamente en toda la organización. Para que tenga éxito, debe tener una Estrategia de Comunicación clara. Esta estrategia comienza con objetivos. Identifique las diferentes audiencias que necesitan mantenerse informadas sobre lo que está sucediendo en la Gestión de Datos. Tenga en cuenta la gama de medios de comunicación a través de los cuales llegar a ellos. No solo los electrónicos (por ejemplo, intranet, correo electrónico) sino también los diferentes foros donde se puede presentar este tema o eventos internos donde se puede comunicar la Estrategia de Datos. Si existe un área de comunicación corporativa o institucional, comprométase con ellos en el esfuerzo.

La comunicación apenas se tiene en cuenta a la hora de implementar el Gobierno de Datos y menos aun cuando se habla de Gestión de Datos. Pero es esencial para el éxito. La falta de planificación de las comunicaciones significa que muchos *stakeholders* no entienden lo que significa gobernar los datos, qué hacen y supervisan las funciones de Gestión de Datos, qué servicios ofrecen y qué esperar de los servicios.

En el paso Comunicar y Socializar, usted definirá la mercadotecnia para su Estrategia de Datos. Para esto, debe considerar lo siguiente:

- Audiencias objetivo

- Tipos de mensajes por comunicar

- La disponibilidad y efectividad de varios medios de comunicación

- Foros de Comunicación (por ejemplo, comités de monitoreo o permanentes)

- Cultura Organizacional

- Políticas de comunicación

- Planes de campañas de comunicación

Recuerde que la comunicación tiene que ver con las personas: usted desea transmitir sus mensajes a los *stakeholders*. Identificar los canales de comunicación disponibles es importante, pero más importante es comprender qué tan efectivos son. Por ejemplo, si existe un sitio web interno, pero los empleados rara vez lo visitan, no es un canal efectivo. Si quiere usarlo, dele a la gente una razón para visitarlo. El correo electrónico es un canal de comunicación fácil y común. Pero la mayoría de las personas reciben muchos correos electrónicos que no leen. Al usar el correo electrónico, corre el riesgo de que sus mensajes se desvanezcan sin ser vistos. Si el número de mensajes es alto, se ignorarán. Si ya existe un sitio web con fines de Gestión de Datos o Gobierno de Datos, ese será un excelente lugar para publicar información sobre la iniciativa de Estrategia de Datos, su estado y los diferentes lienzos producidos. Si aún no hay un sitio, es posible que desee iniciar uno como parte de esta iniciativa. En cualquier caso, hay que concientizar a la gente de su existencia y promover su uso.

Flujo de Proceso del Paso 9

1. Defina la Estrategia de Comunicación:

    a. Los objetivos estratégicos que busque alcanzar

    b. Las audiencias que quiera alcanzar

    c. Los canales de comunicación disponibles

    d. Los aliados que le ayudarán a comunicar

    e. Los tipos de mensajes que quiera comunicar

        i. Concientización: Infografías internas de impactos derivados de la falta de Gestión de Datos

        ii. Informativos: Definición de elementos de la Estrategia de Datos

        iii. Progreso de la iniciativa: Actualizaciones sobre el progreso de la ejecución de las Estrategias de Datos

2. Involucre al Equipo de Comunicación Institucional:

    a. Los canales de comunicación más efectivos para ejecutar la estrategia de comunicación

    b. El nivel de participación del equipo de comunicación institucional

    c. El nivel de aprobación requerida para comunicar mensajes

    d. Las mejores campañas de comunicación

    e. Las políticas por seguir si los mensajes no son comunicados por parte del equipo institucional

    f. La interacción operacional que su equipo pueda tener con el equipo institucional

3. Explore Nuevas Ideas:

    a. Sesiones de almuerzo y aprendizaje (presenciales o virtuales)

    b. Podcast interno (invite a *stakeholders* con historias de éxito)

    c. Perlas de Estrategia de Datos (mensajes cortos informativos con diseños atractivos para captar la atención)

4. Involucre al patrocinador de la Estrategia de Datos en la Comunicación:

    a. Haga que el patrocinador grabe mensajes contundentes acerca de la Estrategia de Datos

    b. Haga que el patrocinador establezca una participación permanente en los comités de monitoreo para presentar progreso de las Estrategias de Datos

5. Defina una Parrilla de Contenido:

    a. Tipo de mensaje

    b. Objetivo del mensaje

    c. *Copy* (texto tal cual será transmitido)

    d. Llamada a la acción

    e. Fecha en que el mensaje será comunicado

6. Cree un Plan de Comunicación

    a. Considere todos los diferentes canales de comunicación y alternativas creativas

    b. Considere cualquier campana de comunicación institucional en curso o en planes

    c. Considere tiempos de respuesta para aprobaciones

7. Ejecute el Plan de Comunicación

Tabla 11 Resumen del Paso 9

Paso 9. Comunicar y Socializar	
Objetivo	• Establecer una Estrategia de Comunicación • Involucrar al equipo de comunicación interna de la empresa • Garantizar que todos los *stakeholders* vean el resultado de sus contribuciones a las Estrategias de Datos • Garantizar que las personas a través de toda la organización conozcan acerca de las Estrategias de Datos • Garantizar que los lienzos de Estrategias de Datos sean fáciles de encontrar y de acceder
Propósito	• Garantizar que la Estrategia de Datos esté abierta a toda la organización • Establecer las expectativas a través de toda la organización acerca de las metas por alcanzar por los programas de Gestión de Datos y de Gobierno de Datos
Insumos	• Estrategia de Alineación de Datos • Estrategia de Gestión de Datos • Estrategia de Gobierno de Datos • Modelo de Negocio de Gobierno de Datos • Estrategia de Función Específica de Gestión de Datos
Técnicas y Herramientas	• Parrilla de Contenido • Informe ejecutivo • Plantilla de estrategia de comunicación
Salidas	• Estrategia de Comunicación de Gestión de Datos • Parrilla de Contenido de Estrategias de Datos • Contenido de comunicación
Participantes	• Comunicación Institucional • Líder de Gobierno de Datos y equipo
Lista de Control	• Defina su Estrategia de Comunicación • Involucre al equipo de Comunicación Interna • Recopile información sólida sobre los problemas relacionados con datos y su impacto • Prepare una Parrilla de Contenido • Defina un Plan de Comunicación • Obtenga aprobación • Ejecute el plan

7.2.10 Paso 10: Integrar a la Planeación Estratégica de la Empresa

Una característica fundamental de un Programa de Gestión de Datos maduro es la sostenibilidad. Esto implica contar con un presupuesto anual para apoyar las prácticas de Gestión de Datos. Las necesidades presupuestarias anuales deben entenderse bien dentro de un despliegue continuo y evolutivo de capacidades. Lo último que queremos es explicar la Gestión de Datos desde cero para cada proyecto dentro del programa. En cambio, el Paso 10 busca integrar las metas e iniciativas de Gestión de Datos dentro de la planificación estratégica para que siempre formen parte del ciclo de planificación.

La otra razón fundamental para este paso es que debemos alinear la Estrategia de Datos con la estrategia de negocio. Como parte de la planificación estratégica anual, los *stakeholders* clave analizan el entorno de negocio y establecen la dirección estratégica de la organización. Los datos deben ser contabilizados como parte de este proceso, y el patrocinador de la Gestión de Datos debe tener un asiento en esta mesa. Para lograr esto, es necesario involucrar a los líderes en la planificación estratégica y las finanzas a través de un caso de negocio sólido.

Flujo de Proceso del Paso 10

1. Cree un Caso de Negocio:

   a. Cuantifique el impacto de los puntos de dolor relacionados con datos de mayor prioridad

   b. Cuantifique el costo de oportunidad de no ser capaz de responder a las preguntas de negocio de mayor prioridad

    c. Cuantifique el impacto de no tener una Estrategia de Datos (con base en casos pasados de plataformas tecnológicas compradas sin utilizarlas al máximo)

    d. Cuantifique el costo de no encontrar información

    e. Cuantifique los beneficios de tener una Estrategia de Datos, no sólo en términos de evasión de costos, también en términos del valor de negocio de tener información precisa

2. Prepare una carta (*charter*) para cada Iniciativa de Gestión de Datos Identificada para el Corto Plazo

3. Prepare un Presupuesto Anual para Cubrir el Despliegue y Soporte de un Gobierno de Datos, y Cada Una de los *charters* Identificadas

4. Prepare un Resumen Ejecutivo con Soporte en:

    a. *Charter* de Estrategia de Datos

    b. Unidades organizacionales participantes

    c. Hoja de Ruta de Gobierno de Datos

    d. Enlace a los Lienzos de Estrategia de Datos

    e. Presupuesto Anual

5. Involucre al Equipo de Planificación Estratégica:

    a. Consiga que el patrocinador de la Estrategia de Datos presente la iniciativa de Estrategia de Datos

    b. Llegue a un acuerdo sobre cómo, cuándo y a quién será reportado el progreso de la Estrategia de Datos

    c. Recolecte retroalimentación

    d. Defina un proceso de alto nivel sobre cómo el proceso de la Estrategia de Datos será incrustado dentro del proceso de planeación de la empresa

    e. Obtenga retroalimentación sobre el proceso propuesto

    f. Obtenga aprobación

    g. Vaya al Paso 9 para comunicar el proceso final

Tabla 12 Resumen del Paso 10

Paso 10. Integrar a la Planeación Estratégica de la Empresa	
Objetivo	• Incrustar la Estrategia de Datos dentro de la Planeación Estratégica de la Empresa • Crear conciencia sobre tratar los activos de datos como cualquier otro activo • Crear conciencia sobre la Gestión de Datos como un Programa que requiere financiamiento continuo
Propósito	• Involucramiento con la Planeación Corporativa • Involucramiento con Finanzas
Insumos	• Estrategia de Alineación de Datos • Estrategia de Gestión de Datos • Estrategia de Gobierno de Datos
Técnicas y Herramientas	• Informe Ejecutivo
Salidas	• Línea de tiempo de la revisión anual de las Estrategias de Datos
Participantes	• Patrocinador de la Estrategia de Datos • Líder de Gobierno de Datos y equipo • Planeación Corporativa • Finanzas
Lista de Control	• Documente su caso de negocio • Prepare una presentación ejecutiva sobre el proceso de Estrategia de Datos y las Estrategias de Datos aprobadas • Involucre al equipo de Planeación Estratégica de la Empresa • Establezca acuerdo sobre cómo incrustar la Estrategia de Datos dentro de la Planeación Estratégica del Negocio • Involucre al equipo de Finanzas • Establezca acuerdo sobre cómo gestionar un presupuesto anual para la Gestión de Datos con base en las Estrategias de Datos

7.3. Unas Breves Palabras sobre Herramientas

Todos los lienzos que hemos mostrado se basan en plantillas de PowerPoint, lo que proporciona una manera fácil de comenzar. Como ya habrá pensado, hay formas mejores, más dinámicas y más ágiles de representar lienzos. La mayoría de las herramientas de Arquitectura Empresarial permiten crear lienzos personalizados y vincularlos a otros artefactos empresariales (estrategia de negocio, procesos de negocio, roles, órganos de gobierno, arquitecturas de aplicaciones, arquitecturas tecnológicas, etc.). Estas herramientas le permiten capturar el contenido de los lienzos y documentar cómo, cuándo y quién los creó. Éstas también pueden mostrar la trazabilidad en línea, por lo que los cambios también se reflejan en los objetos vinculados cuando cambia un determinado objeto. También hay opciones de código abierto si no tiene una Herramienta de Arquitectura Empresarial. Una vez que haya creado sus

Lienzos de Estrategia de Datos, estas herramientas le permiten exportar cada lienzo como una imagen para facilitar la comunicación organizacional.

También puede explorar opciones de herramientas colaborativas que simplifiquen la captura y el uso de información en los talleres.

7.4.   Uniendo Todos los Puntos

Todos los elementos de los tres componentes del Método PAC de Estrategia de Datos están conectados. Debería poder rastrear entre ellos en cualquier momento. Por ejemplo, cuando elabore un plan operativo para las Estrategias de Datos, asigne cada actividad a un hito en las hojas de ruta. Los hitos en las hojas de ruta provienen de cada Lienzo de Estrategia de Datos. El contenido de cada Lienzo de Estrategia de Datos responde a los insumos definidos en el segundo paso del Ciclo de Estrategia de Datos: preguntas de negocio, motivaciones, comportamientos por modificar y puntos de dolor relacionados con datos. A medida que avanza por el Ciclo de Estrategia de Datos, notará esta interconexión y cómo todo cobra sentido. A medida que se comunica con los *stakeholders*, dirija la atención a estas conexiones para ayudarles a comprender las metas y los detalles necesarios para alcanzarlos.

Mantener una Estrategia de Datos efectiva es un proceso continuo. El trabajo no termina una vez que se han producido los Lienzos de Estrategia de Datos. El arduo trabajo de ejecución comienza en ese punto. Ese trabajo implica supervisar que las estrategias guíen las actividades relacionadas con datos y permitan a la organización obtener más valor de sus datos.

7.5.   Conceptos Clave

El **Ciclo de Estrategia de Datos** es un conjunto de diez pasos que deben realizarse al menos una vez al año, terminando con la inclusión de la revisión de las Estrategias de Datos en la planificación estratégica anual de la organización. Esto contribuye significativamente a la gestión de los datos y la información como activos estratégicos.

7.6.   Para Tener en Cuenta

1.   El primer factor de éxito es contar con *stakeholders* clave que representen a las distintas unidades organizacionales que participen en la definición de la Estrategia de Alineación de Datos, ya que sus insumos y priorización impulsarán el resto de las Estrategias de Datos.

2. El segundo factor de éxito es una preparación y un manejo del tiempo efectivos en cada sesión de taller.

3. El tercer, y no menos importante, factor de éxito es mantener una comunicación efectiva con todos los *stakeholders* participantes en este viaje, para que así estén conscientes de cómo su contribución se convierte en Estrategias de Datos y cómo éstas son ejecutadas a través del tiempo.

 ## 7.7. Entrevista sobre Estrategia de Datos

EXPERTA ENTREVISTADA: **Danette McGilvray**[44]

Danette McGilvray es una experta en Calidad de Datos respetada internacionalmente. Ella guía a los líderes y al personal a medida que aumentan el valor de negocio que sus organizaciones obtienen a través de la Calidad y del Gobierno de Datos. Este enfoque de datos beneficia a las iniciativas enfocadas (como la seguridad, la analítica, la transformación digital, la inteligencia artificial, la ciencia de datos y el cumplimiento).

Danette es la presidenta y directora de Granite Falls Consulting, Inc., y está comprometida con el uso apropiado de la tecnología y con abordar los aspectos humanos de la gestión de datos a través de una comunicación eficaz y la gestión del cambio.

Danette es la autora de *Executing Data Quality Projects: Ten Steps to Quality Data and Trusted Information*™, 2da Ed. (Elsevier/*Academic Press*, 2021), donde comparte un método probado usado exitosamente en múltiples industrias en varios países. Su libro es recurrentemente descrito como un «clásico» o listado como uno de los 10 Mejores libros sobre gestión de datos en conversaciones en redes sociales. Es coautora de *The Leader's Data Manifesto* (véase dataleaders.org) y ha supervisado su traducción a 21 idiomas distintos.

Con su vasta experiencia como consultora en Calidad de Datos, ¿con qué frecuencia encuentra una Estrategia de Datos horizontal bien definida que guíe el trabajo relacionado con datos y que responda a la estrategia de negocio en las organizaciones de sus clientes?

«Cuando me piden ayudar a una organización con sus necesidades de calidad o gobierno de datos, generalmente encuentro una de dos cosas:

---

[44] Danette McGilvray https://www.linkedin.com/in/danette-mcgilvray-bb9b85/

- Focos de gestión de datos en lugares a través de toda la organización, pero sin una Estrategia de Datos horizontal

- Una Estrategia de Datos horizontal global (a menudo recién definida), pero sin pasos prácticos para implementar esa estrategia

En la primera instancia, la creación de una Estrategia de Datos horizontal puede unir el trabajo que ya se está realizando. Al hacerlo, la organización puede obtener sinergia, coordinar esfuerzos, hacer el mejor uso de sus recursos y detener el trabajo duplicado.

En el segundo caso, "el diablo está en los detalles". Es necesario un buen plan de implementación, y se debe involucrar a las personas adecuadas con los conocimientos y habilidades adecuados. Además, prestar atención a los factores humanos suele marcar la diferencia entre una implementación exitosa o que la Estrategia de Datos acabe en el bote de basura.»

¿Cuál considera que es el rol de la Estrategia de Datos en el éxito o fracaso de un programa de Calidad de Datos?

«Una Estrategia de Datos horizontal e integrada proporciona el marco de referencia general en el que encaja un programa de Calidad de Datos. Esto hace que sea más fácil poner en marcha y mantener un programa de Calidad de Datos porque se han identificado todas las capacidades, roles, procesos, tecnología, etc. necesarios para obtener datos confiables y de alta calidad, y sus relaciones son claras. TODO lo que tiene que ver con datos debe comenzar primero con las necesidades de negocio de la organización, incluida una Estrategia de Datos. Por necesidades de negocio me refiero a aquellas cosas más importantes para la organización para poder proporcionar productos y servicios, satisfacer a los clientes, gestionar riesgo, aumentar el valor del negocio, implementar estrategias, alcanzar metas, abordar problemas y aprovechar las oportunidades. Independientemente del aspecto de datos con el que esté trabajando, conozca las necesidades de negocio y los datos que las respaldan.

Adopto una visión holística de la calidad de datos, lo que significa que todos los aspectos de la gestión de datos tienen el propósito de obtener datos confiables y de alta calidad, ya sea que se trate de metadatos, arquitectura, administración de datos maestros, etc. La calidad de datos significa reunir los datos, los procesos, las personas y la tecnología a lo largo del ciclo de vida de los datos. Una visión holística también aborda los factores humanos, las comunicaciones y la ética, esenciales para generar confianza en los datos. Una Estrategia de Datos debe liderar el camino en este sentido.

Si no existe una Estrategia de Datos, es posible construir un programa de Calidad de Datos, pero será más lento. Todas las piezas mencionadas aún deben trabajar juntas para que esos datos satisfagan las necesidades de negocio. Tener una Estrategia de Datos agiliza la construcción de un programa de Calidad de Datos. Una Estrategia de Datos es fundacional y a largo plazo, lo que aumenta las posibilidades de que las diversas piezas de esa estrategia (incluido un programa de Calidad de Datos) continúen siendo financiadas y reciban la atención adecuada.»

Desde su perspectiva, ¿quién considera que debe liderar la creación y el mantenimiento de una Estrategia de Datos, y qué *stakeholders* deben participar en el proceso?

«Un Director de Datos (*Chief Data Office*, o CDO) está en la mejor posición para impulsar la creación y el mantenimiento de una Estrategia de Datos. Esto supone que el CDO tiene un rol ejecutivo o de líder de alto nivel dentro de la organización. El CDO debe ser el responsable de la Estrategia de Datos y garantizar el apoyo de otros ejecutivos y del consejo. El CDO puede delegar parte de la responsabilidad de liderar la estrategia y facilitar las aportaciones de los *stakeholders*. Estos roles responsables pueden variar dentro de una organización, pero podrían incluir los roles de datos más altos en la empresa dentro del gobierno de datos, la calidad de datos o la gestión de datos.

Como se ha mencionado, sólo nos preocupamos por los datos porque son compatibles con las necesidades de negocio. Debido a esto, es esencial incluir ejecutivos y/o líderes sénior de diversas funciones de negocio.

Gestionar datos no es posible sin la tecnología de la información adecuada, por lo que también es crucial que los ejecutivos y/o líderes sénior adecuados del grupo de Tecnología de la Información (TI) formen parte del desarrollo de la estrategia.

Un proceso de gobierno de datos bien gestionado puede permitir la creación y el mantenimiento de una Estrategia de Datos, en la que se reúnan quienes tienen la autoridad para tomar decisiones y quienes tienen el conocimiento para tomar buenas decisiones (representando perspectivas de negocio, de datos y tecnológicas).»

¿Cómo recomendaría a un nuevo líder de Gobierno de Datos crear conciencia y obtener la aceptación de la Alta Dirección sobre la relevancia de construir una Estrategia de Datos integral y horizontal como base para un programa de Gestión de Datos exitoso?

«Para crear conciencia y aceptación para una Estrategia de Datos, se trata del "¿Por qué?" ¿Por qué debería importarme? ¿Por qué es importante? Tómese el tiempo para recopilar ejemplos relevantes para mostrar "Lo Que Hay Para Ellos" (*What's In It For Them*, o WIIFT) si respaldan una Estrategia de Datos. Hay una serie de lo que yo llamo técnicas de impacto de negocio que pueden ayudar aquí. Por nombrar algunas: recopilar anécdotas y contar la historia que hace que los datos y la Estrategia de Datos cobren vida para su audiencia; "conectar los puntos" entre los datos, el papel de la Estrategia de Datos y las necesidades de negocio; mostrar el riesgo de no tener una Estrategia de Datos, etc.

Encuentre a aquellos que ya entienden la importancia de los buenos datos. A menudo son aquellos que ya han sentido el dolor de los datos de mala calidad y han visto cómo la falta de datos de alta calidad ha socavado sus planes de negocio.

Trabaje primero con aquellos que quieren trabajar con usted. Sus éxitos atraerán a otros que podrán participar más adelante. Si tiene un oponente vocal, entienda su oposición. Es posible que tengan inquietudes legítimas que usted puede abordar. Encuentre a otros que puedan influir en esos retadores o al menos hacer que dejen de gritar.

Cultive su red de socios o aliados amigables con los datos en todos los niveles de la organización. Dele las palabras para comunicarse, anímelos a escuchar y solicite acciones a sus propias redes. No puede llegar a todo el mundo por sí mismo.

Desarrollar planes de comunicación/sensibilización/gestión del cambio e implementarlos. Trabaje con otras personas de su organización que tengan esas habilidades. Recuerde que trabajar con personas y abordar los factores humanos (¿he enfatizado esto lo suficiente?) no es algo que se interponga en el camino de su trabajo de Estrategia de Datos, es una parte integral de su trabajo. ¡Y es necesario para su éxito!»

7.8. Mensaje de Cierre

Este trabajo se inspiró en libros perspicaces y en expertos en el campo de la Gestión de Datos. Si ahora puede convertirse en una fuente de inspiración para usted, ¡escribirlo habrá valido la pena!

Le animo a que visite el sitio web que acompaña al libro para encontrar plantillas, casos de estudio, ejemplos de lienzos y más.

7.9. Sitio Web de Acompañamiento

En este sitio de acompañamiento encontrará:

- Algunas imágenes de este libro
- Plantillas listas para usar
- Ejemplos de lienzos llenados
- Recursos relacionados a los temas del libro
- Un lugar para dejar comentarios/testimonios/experiencias utilizando el Método PAC de Estrategia de Datos

https://segda.mx/

Operado por Treehouse Marketing

https://www.treehouse.business/

https://www.linkedin.com/company/thousemkt

Sígame:

https://www.linkedin.com/in/marilul/

marilu.lopez@segda.com.mx

https://segda.com.mx/

Glosario

En esta sección se enlistan los términos más relevantes utilizados en este libro, cuyo significado es importante tener claro. La convención que se sigue aquí es que la cursiva representa la definición tomada de la fuente indicada, mientras que la fuente normal representa el significado dentro de este libro.

Activo de Datos	Cualquier entidad que esté compuesta por datos. Por ejemplo, una base de datos es un activo de datos que está compuesto por registros de datos. Un activo de datos puede ser un archivo de salida del sistema o de la aplicación, una base de datos, un documento o un sitio web. Un activo de datos también incluye un servicio que puede ser provisto para acceder a datos desde una aplicación. Por ejemplo, un servicio que brinda registros individuales desde una base de datos sería un activo de datos. De manera similar, un sitio web que brinda datos en respuesta a consultas específicas (por ejemplo, www.weather.com) sería un activo de datos. (Fuente: NIST CSRC)
Ágil	*Capaz de moverse rápida y fácilmente (Fuente: Diccionario Oxford).* Característica del Método PAC de Estrategia de Datos para permitir una rápida producción de Estrategias de Datos de manera fácil.
Aliados	Unidades organizacionales o *stakeholders* que, basado en su rol dentro de la organización y su dependencia en los datos, son buenos aliados para el programa de Gestión de Datos.
Artefacto	*Un objeto que es hecho por una persona (Fuente: Diccionario Oxford).* Cualquier objeto que pueda ser usado como evidencia de que una práctica esté establecida. Usado para probar el nivel de madurez como parte de una Evaluación de Madurez de Gestión de Datos con base en evidencia. Un Artefacto puede ser un documento, una lista de distribución de correos electrónicos, minutas, documentación de procesos, etc.
Canales de Comunicación	Todos los medios para transmitir un mensaje dentro de una organización/empresa. Pueden ser tableros de anuncios físicos o electrónicos, espacios compartidos, correos electrónicos, almuerzos, juntas, etc.
Capacidad	*Capacidad (hacer algo/de hacer algo) la habilidad o cualidades necesarias para hacer algo- the ability or qualities necessary to do something (Fuente: Diccionario Oxford).* Habilidad de ejecutar una acción específica, normalmente alrededor de procesos. Una capacidad es algo que puede establecerse como parte habitual del negocio (por ejemplo, un proceso, un conjunto de políticas, un conjunto de definiciones y designaciones de roles, etc.)
Capacidades de Gobierno de Datos	Conjunto de capacidades para establecer la práctica de Gobierno de Datos (por ejemplo, Estrategia de Gobierno de Datos definida, roles y responsabilidades definidas, procesos de financiamiento establecidos, etc.)

Ciclo de Estrategia de Datos	El tercer componente del Método PAC de Estrategia de Datos, que comprende diez pasos para definir el alcance y la audiencia involucrada en la definición de las Estrategias de Datos, pasando por la producción de cada tipo diferente de Estrategias de Datos, comunicarlas, y terminar con la integración con la planeación estratégica de la empresa. Este es un ciclo anual para mantener la Estrategia de Datos alineada con la estrategia de negocio.
Comporta-mientos relacionados con datos	Acciones sistemáticas que personas involucradas con datos hacen, que no brindan beneficios a una práctica de Gestión de Datos y a una Cultura de Datos sana.
Comunicable	*Que alguien puede comunicar a alguien más una idea (Fuente: Diccionario Oxford).* Una característica del Método PAC de Estrategia de Datos que lo hace fácil de leer y entender
Consumidores de Datos	Cualquier persona, equipo o sistema que usa datos. El término es utilizado para distinguir entre productores de datos (quienes crean los datos) y aquellos que usan los datos. Un consumidor de datos para un proceso puede ser un productor de datos para otro proceso. (Fuente: (Sebastian-Coleman, 2022))
Datos	*Representan hechos acerca del mundo y son activos relevantes para la organización (Fuente: DMBOK 2)*
Dominio	El conjunto completo de todos los valores posibles que se pueden asignar a un atributo. (Fuente: (Hoberman, 2016))
Dominio de Datos	Un agrupamiento lógico de datos que describe cosas que son relevantes para la organización (clientes, productos, empleados, etc.)
Elemento Crítico de Datos	*Un elemento de datos que está alineado con un elemento crítico de negocio y es considerado materialmente importante (Fuente: EDMC DCAM).* Un Elemento Crítico de Datos o CDE (por sus siglas en inglés) es aquél que, cuando no cumple con los niveles requeridos de calidad de datos, puede crear un impacto operacional, financiero o en la reputación.
Empresa/orga-nización grande	Más de 1500 empleados o voluntarios. Presencia local o multinacional.
Empresa/orga-nización mediana	Más de 50 empleados o voluntarios y menos de 1500. Presencia local o multinacional.
Empresa/orga-nización pequeña	50 o menos empleados o voluntarios.

Entidad	Una colección de información acerca de algo que el negocio considera importante y digno de capturar. Un sustantivo o frase identifica a una entidad específica. Entra dentro de una de las siguientes categorías: quién, qué, cuándo, dónde, por qué o cómo. (Fuente: (Hoberman, 2016))
Estrategia	La estrategia es la **guía de más alto nivel** disponible para una organización, enfocando actividades para el **logro articulado de metas** proporcionando dirección y guía específica cuando se enfrenta con un torrente de decisiones o incertidumbres (Fuente: (Aiken & Harbour, 2017))
Estrategia de Negocio	La guía de mayor nivel para operar un negocio.
Estrategias de Datos	La guía de alto nivel en una organización sobre asignación inteligente de recursos para trabajar de forma integrada para alcanzar metas relacionadas con datos y contribuir para lograr objetivos estratégicos de negocio.
Funciones de Gestión de Datos	Cada una de las diferentes disciplinas que, en conjunto, trabajando de forma cohesiva, representan la función de Gestión de Datos (Gobierno de Datos, Arquitectura de Datos, Modelado de Datos, Almacenamiento de Datos, Seguridad de Datos, Integración de Datos, Gestión de Documentos y Contenidos, Datos Maestros y de Referencia, Manejo de Bodega de Datos (*DWHing*), Gestión de Metadatos y Gestión de Calidad)
Gestión de Datos	El desarrollo, ejecución y supervisión de planes, políticas, programas y prácticas que entregan, controlan, protegen y mejoran el valor de los activos de datos y de información a través de sus ciclos de vida (Fuente: DMBOK 2)
Gobierno de Datos	El ejercicio de autoridad, control y toma de decisión compartida (planeación, monitoreo y cumplimiento) sobre la gestión de activos de datos (Fuente: *Data Governance Institute*, Gwen Thomas)
Iniciativa Estratégica	Un programa (conjunto de proyectos) con patrocinio y visibilidad en el nivel más alto en la organización (por ejemplo, fusiones y adquisiciones, transformación digital o cultural, sistema de adquisición nuevo, sistemas de migración, etc.)
Lienzo	*Un pedazo de lienzo (un material fuerte, pesado y áspero utilizado para fabricar tiendas, velas, etc.) utilizado para pintar sobre él (Fuente: Diccionario Oxford).* Una diapositiva donde se sintetizan ideas o conceptos complejos de forma que sean fáciles de entender; un Lienzo de Modelo de Negocio, un Lienzo de Gestión de Datos.
Objetivos Estratégicos de Gestión de Datos	Declaraciones de alto nivel para guiar la implementación y ejecución de la práctica de Gestión de Datos.

Objetivos Estratégicos de Gobierno de Datos	Declaraciones de alto nivel para guiar la implementación y ejecución de la práctica de Gobierno de Datos.
Objetivos Estratégicos de Negocio	Las declaraciones de dirección de más alto nivel para guiar a una organización/empresa; se realizan como parte de un plan para lograr logros de negocio.
PAC	Pragmático, Ágil y Comunicable. Características del Método de Estrategia de Datos descrito en este libro.
Pensamiento de Diseño	El pensamiento de diseño es un proceso no lineal e iterativo que los equipos utilizan para entender a los usuarios, retar suposiciones, redefinir problemas y crear soluciones innovadoras para desarrollar prototipos y pruebas. Involucra cinco fases (Empatizar, Definir, Idear, Desarrollo de Prototipos y Probar) es más útil para atacar problemas que están mal definidos o son desconocidos. (Fuentes: Interaction Design Foundation)
PMO	*Project Management Office*. Oficina de Gestión de Proyectos. Normalmente, un buen candidato para convertirse en aliado del equipo de Gobierno de Datos.
Práctica de Gobierno de Datos	Ejecución continua de capacidades de Gobierno de Datos.
Pragmático	Resolver problemas de manera práctica y sensible en lugar de tener ideas o teorías fijas. (Fuente: Oxford Dictionary)
Principios de Datos	*Principio: una ley, una regla o una teoría sobre lo que algo está basado (Fuente: Diccionario Oxford).* Los Principios de Datos son aquellas reglas definidas en la Estrategia de Alineación de Datos para guiar el comportamiento de personas dentro de la organización en relación con activos de datos.
Proveedores de Datos	Unidades organizacionales internas o entidades externas (organizaciones/empresas) que producen datos.
Puntos de dolor relacionados con datos	Impactos negativos en la organización derivados de problemas relacionados con datos.
Socializar	Reunirse con alguien para comunicar una idea, propuesta, iniciativa o progreso de un esfuerzo continuo.

Bibliografía

Aiken, P., & Harbour, T. (2017). *Data Strategy and the Enterprise Data Executive.* Technics Publications.

Alexander Osterwalder. (2005). *Canvas.* Retrieved from Strategyzer: https://www.strategyzer.com/canvas

Britannica Dictionary. (2022). Retrieved from https://www.britannica.com/dictionary/capability

DAMA International. (2010,). *Data Management Dictionary.* Retrieved from DAMA International: Https://dama.org

DAMA International. (2017). *Data Management Body of Knowledge.* Technics Publications.

DAMA International. (2017). *The DAMA Guide to the Data Management Body of Knowledge (DAMA-DM BOK).* Bradley Beach, NJ: Technics Publications, LLC.

Data Literacy Project. (2021). *The Seven Principles of Data Literacy.*

DATAVERSITY. (2021, October 12). Retrieved from Data Topics: https://www.dataversity.net/data-management-vs-data-strategy-a-framework-for-business-success/

Edvinsson, H. (2020). *Data Diplomacy.* New Jersey: Technics Publications.

Enterprise Data Management Council. (2021). *DCAM Data Management Capability Assessment Model 2.2.* EDM Council.

Gartner Group. (2018). Getting Started With Data Literacy and Information as a Second Language: A Gartner Trend Insight Report.

Geeks for Geeks. (2021, November). *Geeks for Geeks What is Semi-structured data?* Retrieved from Geeks for Geeks: https://www.geeksforgeeks.org/what-is-semi-structured-data/

Hoberman, S. (2016). *Data Modeling Made Simple.* New Jersey: Technics Publications, LLC.

Inmon, W., Lindstedt, D., & Levins, M. (2019). *Data Architecture A Primer for the Data Scientist Second Edition.* London: Elsevier.

Knight, M. (2021). *What is Data Strategy.* Los Angeles, California: DATAVERSITY.

Manifesto, T. L. (2016). *Leader's Data Manifesto.* Retrieved from Dataleaders.og: https://dataleaders.org/manifesto/

Merrian Webster Dictionary. (2022). *Merriam Webster Dictionary - Capability*. Retrieved from Merriam Webster Dictionary: https://www.merriam-webster.com/dictionary/capability

Plotkin, D. (2021). *Data Stewardship, second edition*. London: Elsevier.

Sebastian-Coleman, L. (2022). *Meeting the Challenges of Data Quality Management*. London: Elsevier.

Seiner, R. S. (2014). *Non-Invasive Data Governance*. Basking Ridge, NJ: Technics Publications, LLC.

Simon, H. (2019). The Sciences of the Artificial Third Edition. Boston: The MIT Press.

Stadler, C., Hautz, J., Matzler, K., & Friedrich von den Eichen, S. (2021). *OPEN STRATEGY: Mastering Disruption From Outside the C-suite*. London: England.

TechTarget. (2022). *What is digital transformation?* Retrieved from Techtarget Search CIO: https://www.techtarget.com/searchcio/definition/digital-transformation

Wallis, I. (2021). Data Strategy: from definition to execution. BCS.

Wikipedia. (2022). *Digital Transformation*. Retrieved from Wikipedia English: https://en.wikipedia.org/wiki/Digital_transformation

Índice